AF617577

POSMEMORIAS ENCARNADAS DE LA MANCHUELA: LAS REPRESALIADAS DE ALBOREA

María Avendaño Monteagudo

INSTITUTO DE ESTUDIOS ALBACETENSES
«DON JUAN MANUEL»
DIPUTACIÓN DE ALBACETE

Serie I · Estudios · Número 289
Albacete, 2023

Avendaño Monteagudo, María.
Posmemorias encarnadas de La Manchuela : Las represaliadas de Alborea / María Avendaño Monteagudo. -- Albacete : Instituto de Estudios Albacetenses «Don Juan Manuel», 2023.
118 p. : il. ; 24 cm. -- (Serie I - Estudios ; 289)
D.L. AB 575-2023
ISBN 978-84-18165-98-6
ISBN 978-84-18165-99-3 (Libro digital)
1. Represión política-Mujeres-Alborea (Albacete). I. Instituto de Estudios Albacetenses «Don Juan Manuel». II. Título. III. Serie.
323.281-055.2(460.288 Alborea)

INSTITUTO DE ESTUDIOS ALBACETENSES «DON JUAN MANUEL»
DIPUTACIÓN DE ALBACETE
MIEMBRO DE LA CONFEDERACIÓN ESPAÑOLA DE ESTUDIOS LOCALES. CSIC.

Autora: María Avendaño Monteagudo
Edita: Instituto de Estudios Albacetenses «Don Juan Manuel»
Maquetación e impresión: Grupo Enuno
Depósito legal: AB 575-2023
ISBN 978-84-18165-98-6
ISBN 978-84-18165-99-3 (Libro digital)
DOI: http://doi.org/10.37927/978-84-18165-99-3

POSMEMORIAS ENCARNADAS DE LA MANCHUELA: LAS REPRESALIADAS DE ALBOREA

MARÍA AVENDAÑO MONTEAGUDO

ÍNDICE

1. INTRODUCCIÓN

1.1. La represión de las mujeres durante la guerra y la inmediata posguerra

El prototipo de la mujer moderna española que floreció durante la II República española, heredera de la lucha sufragista europea (Magini, 2001, pág. 76), que comenzaba a trabajar fuera de casa y a estudiar en universidades o escuelas de Magisterio «pudo demostrarse a sí misma y al pueblo español que la mujer era capaz de cualquier cosa, pese a las barreras que quiso poner el patriarcado» (Magini, 2001, pág. 87). Este modelo de mujer empezaba a escribir su propia Historia o, al menos, a alzar la voz para cambiarla, cuando se topó de bruces con la Guerra Civil Española, cuyos efectos se perpetuaron a lo largo de toda la dictadura:

> La dictadura de Franco fue la única en Europa que emergió de una guerra civil, estableció un estado represivo sobre las cenizas de esa guerra, persiguió sin respiro a sus oponentes y administró un cruel y amargo castigo a los vencidos hasta el final. (Julián Casanova citado en Gómez, 2015, pág. 18).

Esta masiva represión no sólo contemplaba la eliminación física de todas las personas contrarias al régimen, sino que se componía de un complejo mecanismo de castigo físico y psicológico (segregación, persecución, hostigamiento, encarcelamiento de sospechosos, embargo de bienes, la aplicación de la Ley de Responsabilidad Política, etc.) que se centró especialmente en las mujeres, al ser percibidas como inferiores al hombre (Muñoz-Encinar, 2020, pág. 14). El hecho de que estas sufrieran una represión específica, por el hecho de serlo es algo que se repite en todos los conflictos bélicos, pues en ellos las sociedades se ven confrontadas a un auge de la codificación de los vínculos entre personas de distinto sexo, lo cual se traduce tanto en actos de violencia, como en sus representaciones culturales, íntimas y colectivas (Maud, 2008, pág. 90). Y el bando franquista no fue distinto, y echó mano de enormes dosis de «violencia sexuada» para cumplir su objetivo. El término «violencia sexuada» fue utilizado por primera vez por Joly Maud (Ibid., pág. 106) refiriéndose a todas aquellas formas de violencia física que implican la mutilación, la degradación, la humillación de las identidades sexuadas de los cuerpos femeninos en guerra y que constituyeron repertorios inéditos en el campo de los sublevados (Maud, 2008, págs. 89-90), para hacerse con el poder y mantenerlo. A partir de estas «técnicas de muerte» (Preciado, 2019) se grabaron sobre las supervivientes, tachadas de «individuas de dudosa moral» (Sánchez, 2012, pág. 103-119), las inscripciones corporales[1] adecuadas a la moral nacional-católica del régimen. Estas mujeres constituían otros frentes en el campo de batalla, «territorios de los cuerpos sexuados» (Maud, 2008, pág. 99) que podían y debían ser conquistados por el enemigo como forma de dominación y control a través, principalmente, de la violencia sexual como arma de guerra (Segato, 2016, pág. 58).

En 1949, la Unión de Mujeres Antifascistas Españolas denunció en el Congreso que la Federación Democrática Internacional de mujeres (FDIM) celebrado en Moscú, por primera vez, a nivel internacional e institucional, la represión sexuada que seguía afectando a las mujeres desde el estallido de la Guerra Civil española (Abad, 2009, pág. 65). Sin embargo esta fecha ha pasado relativamente desapercibida hasta que autoras como Giuliana Di Febo (1979), Mary Nash (1999), Mirta Núñez

[1] Definidas como aquellas técnicas que, modificadas mediante una severa instrucción, hacen, de algún modo, que la persona que las posee o las realiza se convierta en parte de la sociedad, perteneciente a la cultura en la que está integrada y ayudan a reproducir su «estatuto conyugal» para que sea legible por todas las personas que forman parte de la comunidad (Le Breton, 2018, pág. 89).

(2003) Ángeles Egido (2011, 2017), Conchita Mir (2004), Carme Molinero (2004), Claudia Cabrero (2004) o Pura Sánchez (2009), entre otras muchas escritoras e investigadoras, comenzaran a profundizar en el estudio de las mujeres republicanas en la Guerra Civil española. Estos estudios además de aquellos en los que se empezó a reconocer la violencia sexual como crimen de guerra, realizados a finales del siglo XX (Navarro, 2019, pág. 97), han sido determinantes a la hora de señalar la existencia de prácticas violentas dirigidas a mujeres específicamente, diferenciadas de las que se utilizaban con los hombres. Estas autoras hablan de las «rojas» como mujeres no consideradas como tal por el régimen, puesto que representaban los valores de la Segunda República (revolucionarias, violentas, subversivas...) y cuyos cuerpos fueron sometidos, tanto en las calles, como en los cuarteles y prisiones, a su «saqueo» por parte del bando sublevado, con el fin de humillar y aniquilar al «enemigo interior» y evitar así que se extendiera su semilla a las generaciones futuras (Maud, 2008, pág. 94).

Y ha sido gracias a las metodologías utilizadas que acogían los relatos de vida que comenzaron a aflorar investigaciones en donde se empezaban a visibilizar esas violencias, cuya particularidad es que no dejaron huella aparentemente en la generación que las sufrió porque, a menudo, se daban en los márgenes de la legalidad y quedaron envueltas posteriormente en el férreo silencio de quien las padeció por miedo, por vergüenza o por culpa. Sabemos que dichas violencias se llevaban a cabo en cuarteles, cementerios, camiones, calles, casas, talleres... pero al no disponer de fuentes documentales que lo registraran ni relatos que se atrevieran a contarlo, hemos de conformarnos con conocer tan sólo la parte de ellas que acontecía en el terreno público: a vista de todos. En este caso, las cárceles y las calles sí pudieron dar testimonio de dicha represión.

En la vía pública: las rapadas

Gran parte de los castigos realizados a las mujeres se hicieron en las calles, antes siquiera de que existiera una sentencia o de que se iniciara el proceso sumarial. El rapado del cabello, por ejemplo, era uno de estos castigos que no tenía por qué ir asociado al cumplimiento de un pena (Barranquero, Mujeres malagueñas en la represión franquista a través de las fuentes orales y escritas, 2007, pág. 88). Normalmente, las mujeres que los sufrían solían corresponderse, según Joly Maud (2008, pág. 96), con «figuras tipo» como la institutriz republicana, mujeres activistas, mujeres comprometidas en el esfuerzo de la guerra (enfermeras, costureras para la guerra, mujeres que dieron asilo a guerrilleros o militares), madres, hermanas o esposas de hombres comprometidos políticamente, intelectuales, mujeres de presos políticos, etc. Cualquier mujer, en definitiva, que estuviese mínimamente vinculada a la causa republicana, aunque fuera de manera inconsciente. Una vez que se las detenían, eran frecuentes las palizas y después, las pelaban y las paseaban por las calles o plaza del pueblo para burla de los vecinos. Para acrecentar la humillación, junto al rapado del cabello, generalmente también se les solían hacer purgas con aceite de ricino que representaba la expulsión del comunismo de sus cuerpos (Muñoz-Encinar, 2020, pág. 13), así como mostrarlas con los senos al descubierto e insultarlas allí mismo, en presencia de su familia, amigos y del resto de vecinos del municipio.

Este tipo de castigos realizados por los vencedores, especialmente por grupos de falangistas, tenían como objetivo despojar a las mujeres de toda dignidad, a través del abuso físico y la pérdida pública del pudor, exhibiendo su cabellera mutilada, arrebatada de uno de los atributos físicos de género más importantes y el principal adorno femenino: el pelo (Fernández García, 2012, pág. 337). Esto suponía un ejercicio de sometimiento, símbolo de la conquista de ese territorio por parte del bando franquista y de exclusión de su propio género. Así la comunidad las podía diferenciar del resto de mujeres, lo que implicaba habitualmente condenarlas a la marginación social indefinidamente, convirtiéndose así en un castigo ejemplar (González Martínez, 2019, pág. 262).

Normalmente era la guardia civil o los grupos falangistas los que infringían este tipo de vejaciones, pero a veces, los mismos soldados republicanos eran obligados a aplicar estas torturas a sus propias camaradas, compañeras o incluso familiares, siendo doble el martirio para unos y otras (Maud, 2008, pág. 98).

Respecto a los trabajos sobre este tipo de castigos, cabe mencionar por su actualidad y relevancia el de Pura Sánchez (2009), el de la ya mencionada Joly Maud, el de Enrique González Duro (2012) y el proyecto de «Mujeres, memoria y justicia» llevado a cabo por la ciudadrealeña Maria Dolores Martín-Consuegra Martín-Fontecha, por mencionar algunos.

Respecto a este tipo concreto de represión en la provincia de Albacete, aunque existe un vacío generalizado de investigaciones que aborden específicamente esta temática en la provincia, probablemente debido a la dificultad del acceso a los testimonios orales en torno a estos hechos, cabe mencionar el reciente trabajo de Ana María Bascary Peña (2021) sobre la represión de las mujeres en Villarrobledo, en cuyo texto, describe lo que el bando franquista les hizo a varias vecinas del pueblo a través del relato que hizo Amelia Gimena Fernández:

> A Ángeles, la vecina, la raparon. Mataron a un tal Valentín, fueron a dar el pésame a la madre y la cogieron presa, le dieron aceite de ricino, la pelaron y la pasearon por todo el pueblo (…). A Ángeles y a su hermana les hicieron de todo (…) A otras vecinas, las hermanas Cari, Leonor y Carmen también las pasearon. La pequeña adquirió una enfermedad que no la abandonó nunca porque las pasearon (…) No quería ver a nadie, se encerró en casa, cogió complejo (…), las paseaban andando (…). Me decía: «Canallas, canallas, cuánto daño nos han hecho, cuánto sufriría mi madre». (Bascary, 2021, pág. 148).

Sin embargo, estas humillaciones no eran los únicos castigos que acontecían a vista de todos y de los cuales queda constancia en la provincia de Albacete; tal y como apunta Bascary (2021) en Villarrobledo y zonas aledañas existen numerosos relatos acerca de la mutilación de los cuerpos de las mujeres que se arrojaron al barrero[2]: «Les cortaron los pe-

---

[2] Los barreros son unos pozos de entre cuarenta y cincuenta metros de profundidad ubicados en las afueras del municipio de Villarrobledo; éstos grandes pozos fueron utilizados antiguamente para extraer barro con el que hacer las tinajas en las que guardar vino o aceite. Según la web «Víctimas de la dictadura», la Asociación para la Recuperación de la Memoria Histórica (ARMH) de Cuenca realizó una prospección de esta zona

chos, los brazos, las descuartizaron probablemente cuando aún estaban con vida» (Bascary, 2021, pág. 149). A la «Lobica» - Leopolda Manuela Parrón Ortiz- , le cortaron las piernas y la lengua estando aún viva, y lo fueron paseando por las calles antes de tirarla al barrero, para escarmiento público (Bascary, 2021, pág. 149).

Otro de los ámbitos de los que se reapropió el régimen y lo utilizó como escenario para demostrar su poder e infundir el terror a los vencidos eran, además de las calles y las plazas, las cárceles. Las instituciones penitenciarias de la España de posguerra también se convirtieron en la plataforma perfecta para ejercer su tecnología represiva. Y ésta no sólo fue aplicada a aquellas que fueron condenadas intramuros, sino también a las llamadas «mujeres de preso», o sea, a todas aquellas mujeres (esposas, madres, hijas, sobrinas, vecinas…) que se encargaban de sostener física y psicológicamente a los presos republicanos, con sus visitas y sus cestas de comida y ropa limpia, dando fe cada día de que seguían vivos y sabiendo que cualquier día podía ser el último (Barranquero, 2007, pág. 89). Muchas de ellas fueron víctimas también de la represión sexuada en terreno público; la extorsión, el abuso y la violación formó parte de los innumerables viajes que hicieron a la cárcel. No fueron pocas «las mujeres que se vieron obligadas a ceder ante el acoso convencidas de que aliviarían la situación de los hombres de su familia encarcelados» (Bascary, 2021, pág. 143).

Las cárceles de la posguerra, de puertas para adentro:

En 1977, era publicada en España *Una mujer en la guerra de España*, las memorias de la escritora y periodista Carlota O'Neill, en donde cuenta su «odisea carcelaria» en la prisión Fuerte de Victoria Grande, así como en el Hospital de la Cruz Roja, ambos en Melilla. La publicación

---

en 2009 y localizó cuatro barreros que se utilizaron como fosas comunes durante abril de 1939 y en donde al menos unas 62 personas fueron asesinadas y arrojadas a estos pozos. La mayoría eran ciudadanos de Villarrobledo, pero dos eran de Munera, uno de Socuéllamos, otro de Lezuza y uno más de Ossa de Montiel. En la actualidad en esta zona hay un monumento en forma de cubo con los nombres de las más de 300 víctimas de Villarrobledo represaliadas por el franquismo.

de este libro pasó prácticamente desapercibida por el público general, considerándose, sin embargo, una fuente histórica fundamental para el momento, pues constituyó uno de los primeros testimonios personales escritos por una escritora y exreclusa de la Guerra Civil española, lo que hizo que fuera una de las primeras y mejores obra literarias que diera cuenta de los aterradores sucesos que acontecieron en las cárceles del franquismo.

Unos años más tarde, Tomasa Cuevas publicó *Cárcel de mujeres: 1939-1945* (1985) cuyo papel a la hora de retratar el «universo penitenciario» del que habla Ricard Vinyes (2002), fue también determinante, pues, una vez alcanzada la democracia española, quiso alzar su voz y ponérsela también a las mujeres que compartieron con ella aquellos años, bien fuera en la celda o en los pasillos de la prisión (Abad, 2009, pág. 67), llegando a convertirse en otro gran referente en este campo.

Más antigua es otra de las fuentes históricas más relevantes sobre la represión franquista de las mujeres en las cárceles españolas durante la década de los años cuarenta. Se trata, tal y como menciona Abad (2009, pág., 65), de la revista *Mujeres Antifascistas Españolas*, cuyo primer número se publicó en 1946. Las exiliadas españolas que componían la revista publicaban periódicamente los casos que les llegaban de sus compañeras que permanecían en las prisiones de todos los territorios de España. A través de redes de comunicación internas que se tejían entre barrotes, mugre y labores de costura, las presas republicanas[3] enviaban sus relatos con la intención de denunciar internacionalmente la represión que estaban sufriendo en su interior, como mujeres y como republicanas, en un acto de lo que hoy llamaríamos sororidad (Abad, 2009, pág. 68):

> El Gobierno de la República Española denunciaba en «La Nouvelle Espagne» del 19 de septiembre las horribles torturas de que son víctimas las mujeres antifascistas (...) Varios son los casos que se citan en detalle

[3] «El significado de *republicanas* se amplía, englobando a las simpatizantes de todas las fuerzas progresistas y manifestando la pluralidad política existente en el bando republicano, desde las militantes de formaciones políticas y sindicales hasta simpatizantes de la República» (Mónica Moreno, citada en Abad, 2009)

> en el documento gubernamental: 1.- Una licenciada en Filosofía y Letras era golpeada diariamente en la planta de los pies hasta que perdía el conocimiento y reanimada con cubos de agua para recomenzar el suplicio; 2- Una obrera fue golpeada furiosamente con cables de acero en el vientre. Después de un año aún conserva las heridas y cicatrices de los golpes, y se le han producido lesiones en el hígado y en el estómago. 3.- Una mujer de 58 años cuya hija fue fusilada. A ella la han torturado ante los ojos de su nieta, hija de aquella, de 5 años. A causa de las palizas aún no puede andar (…). (Mujeres Antifascistas Españolas, 1946).

Mientras tanto, la España franquista de la posguerra trataba de ocultar los datos estadísticos oficiales de las encarceladas por motivos políticos, contabilizándolas como «delincuentes comunes». Fue una tarea incesante, liderada por el psiquiatra y comandante militar Vallejo-Nájera, para desnaturalizar la relación entre la acción política civil y el género y criminalizar y patologizar la disidencia política, tal y como lo describe Ricard Vinyes en *Irredentas* (2002, pág. 50).

Para Vallejo- Nájera, el problema de «los complejos psicoafectivos» que «descomponían la patria» y suponían un problema para el ideal del Movimiento Nacional con sus ideas «democrático-comunistas» era el entorno, el ambiente, que funcionaba como caldo de cultivo de esas ideas inmorales y «marxistas» (Ibid., pág. 56). Por tanto, se entendía que no era necesario ser una activista política para ser considerada una delincuente; bastaba con estar rodeada de ese «ambiente criminal» mediante lazos de afiliación o afectividad, para ser considerada una «imbécil social», una «psicópata», una «perversa moral y sexual», una «degenerada» y, en definitiva, una «loca» y «criminal» que debía ser condenada, fuera cual fuera el motivo, pues «todas habían desobedecido por imperativo moral»:

> Las madres de familia, las abuelas, iban a dar con sus huesos a los calabozos de la policía; de allí, a la cárcel. Las jóvenes que atrapaban era otra cosa: pertenecían, en su mayoría, a las juventudes sindicales obreras; sabían leer y entendían de reivindicaciones. Los falangistas iban a buscarlas por las noches (…) Y se las llevaban; las violaban en el campo; caían sobre ellas, uno después de otro, como perros. Unas morían en la brega;

a otras las mataban; algunas iban a la cárcel; su suerte final dependía de las manos en las que caían. (O'Neill, 2003, pág. 87).

En la provincia de Albacete, la represión femenina se percibe en el total de 667 penas de prisión (correccional, menor y mayor): 32 sentencias de pena de muerte, 74 penas de sobreseídas, 128 absoluciones, 12 declaradas en rebeldía, 2 multas económicas y 201 mujeres más fueron sentenciadas, pero se ignora la pena; la mayoría de ellas por delitos de auxilio a la rebelión, excitación a la rebelión militar y adhesión a la rebelión, tal y como muestra el cuadro siguiente perteneciente al trabajo de Miriam González (2019, pág. 249):

Tipología delictiva	Nº de causas	%
Adhesión a la rebelión	**98**	8,75
Auxilio a la rebelión	**450**	40,2
Distribución de propaganda contra el régimen	4	0,37
Encubrimiento de bandoleros	6	0,53
Excitación a la rebelión militar	**114**	10,1
Hurto	3	0,26
Insultos	3	0,26
Rebelión militar	2	0,17
Otros	2	0,17
Se ignora	434	38,78

Tabla 1. Fuente: Sentencias a mujeres disponibles de las base de datos del proyecto «Víctimas de la dictadura». Elaborado por Miriam González Martínez (2019, pág. 249)

Bastaba una simple denuncia realizada por cualquier vecino, para sembrar la sospecha. A partir de entonces, el Tribunal de Responsabilidades Políticas[4] y, más tarde, la Comisión Liquidadora, se encargaba del resto (Abad, 2009, pág. 79): castigos públicos o represión visual (Maud,

[4] El Tribunal de Responsabilidades Políticas funcionó hasta 1945, momento en el que fue sustituido la Comisión Liquidadora, que estuvo en funcionamiento hasta 1966 y fue una de las instituciones responsables de sumir a más de la mitad de España en la más absoluta pobreza.

2008, pág. 103), juicios sumarísimos de urgencia diseñados para «resolver las dudas ideológicas de los acusados de desafección» y el terror de las torturas y violaciones en las llamadas a diligencias (González Martínez, 2019, pág. 243).

En las prisiones religiosas, se incluía la disciplina, el sufrimiento, el trabajo y la práctica religiosa como premisas básicas para alcanzar la purificación (Juliano, 2012, pág. 254). Pero, el denominador común de todas las cárceles, fuesen del tipo que fuesen, era la carestía de bienes materiales y el hambre, que tuvo «consecuencias físicas y psíquicas devastadoras, puesto que la mayoría de enfermedades que aparecieron en los presidios procedían de la insuficiencia nutricional» (Vinyes, 2002, pág. 117): por la mañana, un sucedáneo del café y unos pocos mililitros de leche, al medio día, el rancho, o sea, sopa con verduras y algo de legumbre, patata y huesos, puré o algo de arroz blanco (Cuevas, 1985, págs.; Ibid., pág. 117) y por las noches, más de lo mismo. Esa era la forma principal en la que se materializaba la idea de la «eugenesia positiva» de Vallejo-Nájera para mejorar la Hispanidad racial[5] asumida por el Estado: «multiplicar a los selectos y dejar que perezcan los débiles», entendiendo por débiles a las personas de índole izquierdista (Ibid., pág. 61). Una vez segregadas en las cárceles, se les mataba de hambre. Sobrevivir o no era cosa suya.

El castigo maternal: La separación de los hijos enviados a Patronatos

En añadidura, la «eugenesia positiva» de Vallejo-Nájera sólo podría concretarse a través de la segregación total, incluyendo en ésta la segregación infantil (Ibid., pág. 61). Esto implicaba, por un lado, llevar a los niños a la prisión con las madres y someterlos a las mismas calamidades que a ellas, o por otro lado separar a las madres que se rebelaban díscolas a consecuencia de sus ideas políticas, de sus propios hijos e hijas, puesto que resultaban una mala influencia para ellos/as, con el fin de salvar a las

[5] El comandante Vallejo-Nájera entendía por raza una sociedad, un grupo social y una forma de gobierno fundamentada en la disciplina militar, es decir, adquisición cultural derivada del ambiente social (Vinyes, 2002, pág. 55).

criaturas del pecado de sus progenitoras (Sánchez, 2012, pág. 118). Para estos fines, el régimen se valió de toda una serie de estructuras jurídicas[6] creadas exprofeso, y de la ideología católica (Ibid., pág. 118) que apoyó dichas separaciones intra y extramuros. Las separaciones intramuros se daban en la misma cárcel, como era el caso de la Prisión de Madres Lactantes de San Isidro, dirigida por la temible María Topete, en donde los niños y niñas eran separados de sus madres a las que apenas veían una hora al día, de acuerdo con las recomendaciones de Vallejo Nájera (Vinyes, 2002, pág. 75) y en donde madres e hijos morían sin remedio. A partir de 1940 y hasta 1944, los niños mayores de tres años (los que habían sobrevivido al hambre, a la tiña, a la bronquitis… por culpa del hacinamiento y las malas condiciones higiénicas) eran excarcelados y, si no tenían a nadie que se ocupara de ellos, los enviaban a orfanatos, centros religiosos o a centros del Patronato de la Merced y, más tarde, al de San Pablo, que empezó a funcionar a partir de 1945. Desde aquellos espacios o familias «irreprochables, desde el punto de vista religioso, ético y nacional» (Ibid., pág. 83), el Estado podía tutelarlos, cambiarles los nombres y sus edades para que sus padres no les pudieran seguir la pista y asegurar así su gran «proyecto de reducación masiva dirigido contra los más débiles: los hijos de las familias sin posibilidad de defensa» (Ibid., pág. 82). Pero, además, también era común la desaparición de los hijos de las presas durante el parto. Tanto en unos casos, como en los otros, los hijos e hijas se convertían en «niños perdidos de la dictadura». La poeta Ángela Figuera Aymerich (1952) denunciaba así en su poema «Rebelión» esta común y desgraciada práctica:

> «Serán las madres las que digan: Basta. / Esas mujeres que acarrean siglos/ de laboreo dócil, de paciencia, / igual que vacas mansas y seguras/ que tristemente alumbran y consienten/ con un mugido largo y quejumbroso/el robo y sacrificio de su cría».

---

[6] Con la Orden del 30 de marzo de 1940 sobre la permanencia de hijos de reclusas en las cárceles (Boletín Oficial del Estado nº 97, de 6 de abril de 1940, pág. 2.354), se reguló la salida de los niños y niñas de las cárceles cuando alcanzasen los tres años de edad y el derecho de las reclusas a amamantar a sus hijos y que estuviesen con ellas hasta entonces (González Martínez, 2019).

Así, tal y como cuenta María Llanos Pérez Gómez (2021, pág. 2) en su artículo sobre la situación de las presas en la Prisión Provincial de Albacete, a las mujeres se les reservó unas formas de represión específicas también dentro de los centros penitenciarios de posguerra: a la violencia sexual descarnada que sufrieron muchas de ellas, al chantaje y la presión emocional y moral de compartir calvario con los hijos e hijas o de que se los arrancaran de los brazos y el ser continuamente señaladas como «fracasadas», ante la imposibilidad de responder a los mandatos familiares propios de su género, se añadía la incertidumbre que suponían los continuos y aberrantes traslados de una cárcel a otra.

Sin embargo, la tortura psicológica que perseguía el desmoralizarlas no acababa dentro de los muros de las prisiones, sino que se ampliaba extramuros con el destierro y la continua fiscalización de la vida personal por parte de las autoridades locales una vez alcanzada la libertad condicional, en la que muchas mujeres, tuvieron que volver a empezar de cero.

1.2. Estrategias de resistencia en «los años del hambre»

> Después de toda la tragedia de la guerra, vino el problema del hambre. Como durante tres años no se había cultivado la tierra, la escasez de alimentos era mucha. Y, por si fuera poco, estuvo dos o tres años sin llover. En el año 1941 no se pudo segar porque como no había llovido, la siembra se quedó tan pequeña que hubo que arrancarla. Fue un año fatal porque no se cogió nada. Luego lo hemos recordado todos como el «año del hambre». Mucho más que en la guerra; el pan no se veía ni en las casas de los ricos. Comíamos todos tortas de cebada, que estaba dura, negra, áspera, casi no la podías tragar. (Viosca, 2007).

Aquellas mujeres que tuvieron que volver a empezar y aquellas madres, hermanas, hijas de presos y asesinados que se habían quedado ahí, en medio de la tragedia fueron las principales víctimas de la represión económica de la dictadura. Con la ausencia del cabeza de familia al estar preso, muerto, exiliado o desaparecido (Abad, 2009, pág. 80), aquellas tuvieron que poner en marcha toda suerte de estrategias de resistencia para intentar librar a la familia de «los efectos no contables de la represión»

(Conxita Mir citada en Abad, 2009, pág. 216), en un contexto donde el férreo control social ejercido por el Estado y la autarquía eran las principales políticas económicas y de dominación (Alía y otros, 2017, pág. 216). «El hambre, la desnutrición y la enfermedad de la postguerra española» (Alía y otros, 2017) propiciaron que las nuevas cabezas de familia desarrollaran redes de solidaridad para diversas tareas que surgían entorno a las principales necesidades como amamantar a los hijos de aquellas que no tenían leche («las llamadas «madres de leche»), generar redes de cuidados de los hijos de presas o familias que no podían hacerse cargo de todos los niños. Así, los robos y hurtos en cuadrillas contra la propiedad, tímidas revueltas populares, prostitución, y las redes de estraperlo, fueron entre otras, las tácticas más empleadas y dependían del territorio.

Existen una gran cantidad de trabajos[7] al respecto, pero queremos mencionar particularmente el de Alía, Bascuñán, Vicente, & Villalta (2017) que ilustran con precisión la situación del aumento de la delincuencia por necesidad en Castilla-La Mancha por parte de viudas de la represión franquista. Se habla de campesinas, madres, esposas, hijas, que en muchos casos eran castigadas (económica y/o penalmente) desproporcionadamente al delito cometido como mecanismo ejemplarizante del régimen. En un 92,88% de los casos eran mujeres sin antecedentes penales que terminaron dando con sus huesos en la cárcel.

Este tipo de estrategias favoreció que a partir de 1940 las prisiones se fueran llenando de «delincuentes comunes», llegando a ser similar en cifras al de las presas políticas (Ibid., pág. 261): en las audiencias Pro-

[7] Algunos de los que podemos mencionar son: C. Cabrero Blanco, «Espacios femeninos de lucha. Rebeldías cotidianas y otras formas de resistencia de las mujeres durante el primer franquismo», Historia del Presente, 4, 2004, 31-46; G. Di Febo, Resistencia y movimiento de mujeres en España, Barcelona, 1979; I. Abad, En las puertas de prisión. De la solidaridad a la concienciación política de las mujeres de los presos del franquismo, Barcelona, 2012; C. Cabrero, Mujeres contra el Franquismo (Asturias 1937-1952). Vida cotidiana, represión y resistencia, Oviedo, 2006; O. J. Rodríguez Barreira, Migas con miedo. Prácticas de resistencia al primer franquismo. Almería, 1939-1953, Almería, 2008; E. Barranquero Texeira y L. Prieto Borrego, Así sobrevivimos al hambre: estrategias de supervivencia de las mujeres en la posguerra española, Málaga; I. Murillo Aced, En defensa de mi hogar y mi pan. Estrategias femeninas de resistencia civil y cotidiana en la Zaragoza de posguerra, 1936-1945, Zaragoza, 2012.

vinciales de Castilla-La Mancha, en el período de 1940 a 1949 hubo un total de 2180 sentencias de mujeres, de las cuales 949 se corresponden a causas por delitos contra la propiedad, fundamentalmente apoderamiento de víveres y ropa (Ibid., pág. 231). Lo curioso de estos hechos, en concreto, es que se solían cometer «en cuadrillas» uniendo así para la causa a vecinas, amigas, hijos y madres.

Otra de las grandes salidas al hambre durante la posguerra fue la prostitución, a pesar de las controversias que generaba en las filas de los partidos izquierdistas como síntoma del machismo imperante también entre los partidos más progresistas. Tal y como apunta Abad (2009, pág. 81), a menudo se veía esta salida como una «traición de clase» a los maridos presos de las mujeres que la ejercían o como un acto de sometimiento a los deseos del enemigo (Ibid., pág. 81). No obstante, la España de Franco, a pesar de su discurso nacional-católico acerca de la «inmoralidad» de dichas prácticas, tardó en abolirla más de quince años (en 1956 se firmó el decreto-ley «sobre la abolición de la casa de tolerancia y otras medidas relativas a la prostitución»), durante los cuales giró alrededor de un reglamentarismo que trató de internar, recluir y «reeducar», de acuerdo a la moral cristiana, a muchas «mujeres caídas» (Juliano, 2012, pág. 260) que no tenían qué llevarse a la boca o peor, con qué alimentar a su prole.

El estraperlo o mercado negro de productos de uso cotidiano como aceite, harina, legumbres, azúcar o leña fue otro de los principales medios que encontraron las mujeres para sobrevivir y mantener a las familias, especialmente en las zonas rurales, en donde los bienes, aunque escasos, eran más abundantes que en las grandes ciudades. En el caso de la provincia de Albacete, según cuenta Miguel Pardo Pardo (Ortiz, 2000, pág. 85), las economías familiares de los entornos rurales de La Manchuela y las zonas cercanas a la capital (Tarazona de la Mancha, La Roda, Chinchilla o Almansa) se vieron seriamente perjudicadas durante la posguerra debido al aumento del número de miembros de la familia por la presencia de refugiados políticos (procedentes de Andalucía, Extremadura, Madrid y de la zona sublevada de Toledo), brigadistas, así como las requisas de ganado, las malas cosechas, las incautaciones de fincas, las cartillas de racionamiento que no eran para todos y la caída de los salarios reales en comparación con la subida de los precios de los bienes de primera necesidad. Esta difícil situación económica que atravesó Albacete, sumada a la gran cantidad de bajas de hombres presos y ejecutados durante la guerra[8], nos hace pensar que la creación de redes de estraperlo fuera una actividad propicia en este territorio, especialmente entre los años 1941 y 1945, tal y como ratifica Miriam González Martínez (2019) atendiendo a los delitos y faltas más frecuentes cometidos por mujeres en la provincia de Albacete durante esos años:

> 200 gramos de azúcar por familia, medio kilo de arroz, un cuartillo de aceite, dos kilos de patatas… Y así cada quince días o un mes. Éramos ocho en casa: cinco hermanos, los padres y una tía. Casi todo mujeres, por cierto. En las calles se ofrecía sobre todo pan y tabaco. Es igual que los negros que venden hoy discos. Había hornos de pan ilegales. En cada portería, en cada esquina, una mujer mayor vendía con una bolsa exponiéndose a 15 días de cárcel –las tristemente célebres quincenas–. Los hombres fumaban guarrerías, así, cuando iban a trabajar a las cinco de la mañana, ya había mujeres vendiéndoles tabaco. Las falsas embarazadas eran legión: Su vientre ocultaba aceite –carísimo–, harina, judías, carbón…. Juana Doña, citada en Torres, 2012.

1.3. Posmemoria y cuerpo: Transmisión transgeneracional del trauma en las mujeres

El modelo excluyente de feminidad durante el franquismo, tal y como apunta Cinta Ramblado (2015, pág. 12) hizo brotar durante la Guerra Civil española y la posguerra, los discursos deshumanizantes de «las rojas»: mujeres que no se consideraban mujeres, sino bestias que debían

[8] Según datos de Manuel Ortiz Heras (1995), entre 1936 y 1939 se produjeron 920 muertes provocadas por la represión, sin contar las muertes que no podían considerarse de la represión, propiamente (heridos de guerra, muertos fuera de la provincia, etc.). A esta cifra habría que añadir las 73 ejecuciones en virtud de sentencia de los tribunales populares, contabilizadas aparte. A esto también deberíamos sumar las detenciones que se practicaron solo a lo largo de estos tres años, de las cuales no tenemos datos concretos por la brevedad de las estancias del 70% de la población penitenciaria que había en las principales cárceles de la provincia (Albacete, Hellín y Chinchilla).

ser controladas a través de castigos elaborados exprofeso para dominarlas y controlarlas. Estas mortificaciones, que se mantuvieron hasta bien entrada la dictadura franquista, consistían, como hemos ido viendo, en una compleja tecnología represiva que comprendía el castigo físico, psicológico, social y económico. Y su objetivo era, por un lado, «desposeer a las mujeres del control de su propio cuerpo» (Ibid., pág. 12), convirtiéndolo en un espacio público susceptible de ser siempre violentado y con ello, arrebatándoles su ciudadanía.

Considerando que el lugar que ocupa el cuerpo femenino en la sociedad actual es heredero de aquellos que encarnaron la violencia más cruda durante los años de la guerra y la posguerra, nos preguntamos sobre el rastro que ha ido dejando ese dolor en la memoria familiar y corporal de las generaciones actuales, descendientes de aquellas mujeres procedentes de La Manchuela, tras la Guerra Civil Española.

> El término «posmemoria» describe la relación de la «generación de después» con el trauma personal, colectivo y cultural de la generación anterior, es decir, su relación con las experiencias que «recuerdan» a través de los relatos, las imágenes y comportamientos en medio de los que crecieron. (…) La conexión de la posmemoria con el pasado está, por tanto, mediada no solamente por el recuerdo, sino por un investimento imaginativo, creativo, y de proyección. (…) Se trata de una estructura intergeneracional y transgeneracional del retorno del conocimiento traumático y de la experiencia física del cuerpo. (Hirsch, 2015, pág. 32).

Asumiendo que esas posmemorias encarnadas en las segundas, terceras o, incluso, cuartas generaciones han ido componiendo el imaginario socio-histórico y político que hoy tenemos en el territorio del estado español, pretendemos estudiar los relatos de las mujeres y hombres de las «posgeneraciones» (Eva Hoffman citada en Hirsch, 2015, pág. 17); ésas/os cuya vivencia está atravesada por las historias o relatos heredados, descritos, evocados y analizados a «posteriori». Pretendemos sumergirnos en dichas memorias de acontecimientos no vividos, pero que provocan aun así un recuerdo diferente (mediatizado) del que tuvieron los testigos y participantes directos, pero cuyos efectos tardíos son más que evidentes (Ibid., pág. 17) y continúan definiendo patrones de afiliación e identidad concretos marcados por las estructuras familiares tradicionales desde donde se van forjando (Ibid, pág. 34).

Una de las consecuencias menos evidentes de la violencia política que se aplicó tras la Guerra Civil en nuestro país es la existencia del llamado trauma psicosocial (Baró, 1990, pág. 9) en la generación que la vivió en primera persona y la inmediatamente siguiente (es decir, la primera y segunda generación). El trauma psicosocial es definido por Baró (Ibid., pág. 9) como la herida provocada por un proceso histórico violento de naturaleza social y política, que genera cambios en el individuo, en la sociedad y en la relación entre ambos, generando, un quiebre de las redes sociales y familiares de los individuos, dejándolos con una sensación de soledad, aislamiento, desconfianza en la comunidad y la imposibilidad de realizar un duelo por las pérdidas masivas (SERSOC, 2009, pág. 335). Pero el daño psicosocial no sólo depende de la violencia aplicada, sino también de los factores protectores o agravantes del daño que rodean a las víctimas de dicha violencia política; estos factores amortiguarán o incrementarán el trauma de las supervivientes, por lo que, favorecen o frenan, de igual manera, la transmisión del daño a la siguiente generación.

El concepto de la transmisión transgeneracional del trauma o, mejor dicho, de «transgeneracionalidad» del daño (evitando así volcarle la responsabilidad de la transmisión a una generación concreta, como afirma Scapusio, 2006) un concepto polisémico, cuyo origen se sitúa en la terapia sistémica, las terapias psicodinámicas intersubjetivas y en la psicología comunitaria (Tejada & Estrada, 2012, pág. 9). Este concepto comienza a ser desarrollado en los años cincuenta, tras la iniciativa del gobierno alemán de indemnizar a las víctimas del Holocausto. En ese momento comienzan a investigarse una serie de síntomas psicológicos y psicopatológicos que eran comunes en los hijos/as de los supervivientes del Holocausto y que, por tanto, estaban directamente relacionados con la experiencia del mismo de sus progenitores (SERSOC, 2009, pág. 335), así como el fenómeno que los rodeaba: la llamada «conspiración del silencio» que mencionaba Danieli, (1998, pág. 4, citado en SERSOC, 2009, pág. 335). Este fenómeno se explica como una negación a hablar sobre los hechos acontecidos por parte de la sociedad, por miedo a generar un mayor daño en las víctimas y, por parte de éstas, un deseo de olvidar para no dañar con sus recuerdos a sus familias (Ibid., pág. 335). La transmisión de estos silencios cargados de emocionalidad, «metáfora de todos los horrores sufridos» (Miñarro, 2012, pág. 103) a la segunda generación genera también en ésta una falta de representación de los hechos, quedando nuevamente sin elaborar, en el inconsciente (Ibid., págs. 108-109). De esta manera, «lo indecible de la primera generación, en tanto que conocido, pero no hablado, se vuelve innombrable en la segunda generación» (Tejada & Estrada, 2012, pág. 19), e impensable para la tercera (Miñarro, 2012, pág. 109).

En España, a diferencia de otros países como Alemania, Argentina, Uruguay, Chile, Sudáfrica, etc. son muy pocos los estudios que han dado luz sobre el trauma psicosocial y su transgeneracionalidad producto de la violencia política aplicada durante la posguerra y la dictadura (Gómez-Marín & Hernández-Jiménez, 2011, págs. 482-485). Sin embargo, los pocos trabajos existentes, como el de Teresa Morandi y Anna Miñarro (2012) centrado en Cataluña, los del psiquiatra Armañanzas (2009) o el de Ruiz Vargas (2006) concuerdan con los trabajos internacionales en que nuestro territorio, al igual que todo aquellos que han sufrido guerras, genocidios o dictaduras, se ha visto comprometido por experiencias traumáticas producto de esa tecno-política del terror, que no solo han marcado a la generación que las vivió, sino que han sido transmitidas a generaciones posteriores de muchas maneras distintas y en función de los factores de vulnerabilidad o resistencia al trauma, propios del contexto español.

Algunos de los principales factores post-traumáticos de vulnerabilidad al daño (Pérez-Sales, 2003, págs. 41-42) que son extrapolables al trauma de la violencia política sufrida por las supervivientes de la Guerra Civil y sus hijos/as (primera y segunda generación), son:

- La experiencia de un duelo sin cuerpo, para todas aquellas madres, esposas, hermanas, hijas, amigas, amantes… de hombres y mujeres que fueron asesinados/as y arrojados/as a fosas comunes, sin posibilidad de despedida ni certezas sobre el lugar donde descansaban sus muertos (Armañanzas, 2009, pág. 47).

- Ser víctima de múltiples formas de violencia que interseccionan en los cuerpos, como las ya mencionadas, encarcelamiento, violencia sexual, tortura, castigo maternal o la violencia económica, entre otras.
- Ser viuda joven con hijos/as a cargo.
- Existencia de múltiples pérdidas humanas en la familia a partir del hecho traumático: suicidios, encarcelamiento de las figuras de referencia, asesinatos.
- Separación de hijos/as y madres o el «castigo maternal».
- El clima generalizado de pobreza, miseria y hambre, tanto para las supervivientes, encarceladas o no, como para los hijos e hijas.
- El estigma social que pesaría sobre las familias señaladas por el régimen.
- La migración o desplazamiento forzado del lugar de origen, que implicaba la ruptura con las redes de sostén comunitarias, dando lugar al aislamiento social en muchos casos y a otros duelos («duelo cultural»).
- Indefensión/miedo constante a la posibilidad de otro tipo de represalias.
- Parentalización temprana: las niñas y niños que se quedaron sin madres porque estas fueron encarceladas o sus padres fueron asesinados, tuvieron que asumir el rol de padre-madre ausente.
- Y, por último, el silencio, que dificulta la elaboración del daño, favoreciendo así su transmisión.

Entre los principales factores postraumáticos que sirve de amortiguación frente al trauma, tal y como apunta Pérez-Sales (2003, págs. 41-42), y que funciona con más fuerza si cabe para el trauma psicosocial en el contexto de posconflicto y dictadura, es el sentido de comunidad, referido a las ya mencionadas redes de solidaridad que se construyeron en el contexto de los vecindarios y las cárceles.

Teniendo en cuenta la numerosa confluencia de los factores de vulnerabilidad al trauma en el cuerpo de las mujeres, o sea la transversalidad del género en daño de la posguerra y dictadura, es lógico señalar que la transmisión del mismo, aconteció principalmente dentro del espacio íntimo del hogar, habitado por aquellas que fueron relegadas a las labores del espacio privado. Y dicha transmisión se ha llevado a cabo mediante el lenguaje verbal y no verbal y el silencio (Hirsch, 2015, pág. 56-59). Así, lo expresado con el cuerpo, con lo no dicho, con las canciones, los hábitos o los gestos cobra una especial significación, pues la palabra en sí, como forma de expresar el dolor de lo vivido, en muchos casos y casas, quedó vetada. Por ello, estamos de acuerdo con el antropólogo y sociólogo, Le Breton (2018), en su concepción de corporalidad, cuando afirma que el cuerpo es una estructura simbólica construida a partir de las representaciones, los imaginarios, las acciones y los límites propios de la sociedad, en cada momento histórico (Le Breton, La sociología del cuerpo, 2018, pág. 9).

Le Breton considera que no hay distinción entre la persona y el cuerpo, considerándolo un constructo social, en tanto a su representación en el escenario colectivo, como en su funcionamiento o en las relaciones que mantiene con la persona a la cual encarna (2018, pág. 12). De modo que la memoria de una comunidad humana, según Le Breton, no reside solo en las tradiciones orales y escritas, sino que también está entretejida en efímeras habilidades corporales, hábitos de interacción, gestualidad, apariencia física y técnicas corporales (Le Breton, 2018, pág. 64), así como en los síntomas psicosomáticos que este expresa (Miñarro, 2012, págs. 110-111) cuando carece de la posibilidad de expresarlo mediante la palabra.

Por tanto, para estudiar la posmemoria es preciso acercarse a las narrativas de las generaciones vivas que tienen sobre esas memorias encarnadas: relatos orales, fotografías, objetos, canciones y cuentos... pero también, memorias gestuales, historias de enfermedades, tics y manías, miedos y pericias manuales, vinculados al cuerpo. Abrir estos canales de estudio donde las palabras no son las únicas protagonistas del relato supone crear espacios para que las voces que tradicionalmente han estado en los márgenes se escuchen y compongan también la historia, que es común y diversa. Para ello es preciso una escucha a diferentes planos que atienda también estos aspectos no tan visibles que conforman nuestro imaginario colectivo y que son una muestra más de la huella imborrable que el franquismo dejó en la identidad femenina y en su carne; cuerpos que trataron de resistir; cuerpos de los que somos hijas/os, nietas/os y bisnietas/os y en los que todavía habitan huellas de los relatos que les impidieron contar.

Por tanto, la recuperación de dichas posmemorias, desde una perspectiva feminista, supone un compromiso político y social en la defensa de valores y derechos que nos afectan en el presente (Ramblado, 2015, pág. 5), es decir, es un acto de justicia social. Porque la verdad y con ella la justicia y la correspondiente reparación, no debe plantearse en términos neutros, atendiendo a la experiencia de los varones como paradigma de humanidad y neutralidad, sino que dado que la violencia es distinta para hombres y para mujeres, y sus consecuencias también, deberían aplicarse así políticas de la memoria, judiciales y reparadoras, diferentes para unos y otras (Navarro, 2019, pág. 73). Por tanto, los esfuerzos por reconstruir los discursos de la «contra memoria» (Foucault, citado en Alcañiz, 2013, pág. 13-31), conllevan necesariamente el estudio situado de las posmemorias familiares de las mujeres represaliadas en el mundo rural. Esto, además, abre una rendija a la posible reparación simbólica de su tejido social y de su memoria colectiva. Recuperar dichas narrativas, por tanto, significa iluminar las sombras a las que se vieron relegadas y desde las que sostuvieron a una sociedad en crisis. Rescatar sus relatos es honrar hoy nuestra genealogía femenina; ésa que, en medio del desastre, construyó puentes de solidaridad en comunidades hechas jirones.

Además, no sólo pretendemos que ellas sean nuestro objeto de estudio por justicia, sino que necesitamos que sean los sujetos productores de la historia, por primera vez, puesto que son ellas las principales cauces de memoria de estos hechos (Hirsch, 2015, pág. 29). Poner sus relatos en primer lugar como protagonistas y como transmisoras de los hechos históricos y de su urdimbre afectiva (Hirsch, 2015, pág. 29), de la cultura, de los saberes fundamentales y de la oralidad (Lavinio, 2017, pág. 82; Juliano citada en Muñoz, 2015), significa despatriarcalizar la disciplina histórica, y reconocer que ésta está compuesta verdaderamente de retales y no sólo de una sucesión de decisiones importantes que «señoros»[9] importantes han ido tomando a lo largo de los siglos para su preservar su poder.

De esta forma, la subcultura femenina presente y pasada se convierte en este trabajo en el lugar desde el que continuar hilando la «historia de las mujeres y la búsqueda de éstas de un pasado utilizable» (Hirsch, 2015, pág.35) con el que saber cómo queremos situarnos en el presente y desde dónde. Esta tarea, por tanto, bebe del trabajo que ya hicieron en este sentido Melanie Klein, Virgina Woolf, Marcel Proust, Hannah Arent, Shoshna Felman o Cathy Caruth, entre tantas otras (Ibid., pág.35).

1.4. Panorama actual de la investigación en la represión y resistencias de las mujeres en Castilla-La Mancha

En los últimos años está habiendo un surgimiento importante de trabajos sobre violencia política y represión durante la Guerra Civil y el franquismo localizados en distintas comunidades autónomas, atravesados cada vez con mayor frecuencia por esta necesaria perspectiva de género. En Castilla-La Mancha, el trabajo elaborado tanto por la Universidad de Castilla-La Mancha, como el realizado por el equipo de investigación del CIEMEDH (Centro Internacional de Estudios de Memoria y Derechos Humanos) y el grupo de investigación Mapas de Memoria, ambos de la Universidad Nacional de Educación a Distancia, abordando el estudio de la memoria desde múltiples enfoques (investigación, in-

[9] Neologismo utilizado con sentido crítico para denominar en tono despectivo a los hombres que actúan de forma machista y con indiferencia o desde frente al feminismo. Se ha popularizado en los últimos años, gracias a las redes sociales y aunque todavía no se ha incluido en la Real Academia Española, su uso está tan extendido que en 2020 la cuenta de Twitter «Diario de neologismos» galardonó esta palabra como el neologismo favorito del año.

tervención social y creación y difusión), ha hecho que el tratamiento de la memoria subalterna de los territorios castellanomanchegos esté cada vez más presente en la academia. A esto se añade, por suerte, la creciente conciencia feminista, lo que está propiciando una gran producción de contenido sobre estas cuestiones desde miradas interseccionales, lo que suele traducirse en trabajos localizados en zonas bien determinadas, desde lo que se pretende reflejar con la mayor fidelidad posible la complejidad de las situaciones personales, familiares y comunitarias que se dieron en aquel contexto de guerra y posguerra. En el caso de los trabajos más recientes llevados a cabo en nuestra región al hilo de esta línea son, por ejemplo, los trabajos de Sandra Fernández García (2012), los de Esmeralda Muñoz Sánchez y Maria Sol Benito Santos (2020; 2019; 2016; 2015; 2015; 2008; 2005) focalizados principalmente en Ciudad Real; los trabajos ya mencionados de Miriam González Martínez (2019), María de los Llanos Pérez Gómez (2021) o el de Ana María Bascary (2021) en la provincia de Albacete; el de las ya mencionadas/os Miranda, Añover, Rodríguez-Borlado, & Luna (2017), o el de M.ª Isabel Jiménez Barroso (2020) centrado en la provincia de Cuenca, entre otros muchos.

2. OBJETIVOS

Trabajar en la reconstrucción de las estructuras diacrónicas de itinerarios biográficos y en su inserción en el tiempo histórico es adquirir poco a poco conciencia del impacto de los fenómenos históricos colectivos y de los procesos de cambio social en los itinerarios biográficos. (Bertaux, 2005, pág. 86).

Teniendo en cuenta esta cita de Bertaux, pretendemos:

- Abordar las singularidades de las historias de vida de las mujeres represaliadas durante la Guerra Civil Española y la posguerra en el municipio de Alborea (comarca de La Manchuela, Albacete), a través del cual hacer visible, por un lado, la represión ejercida sobre ellas por el régimen franquista, y, por otro lado, las resistencias cotidianas que llevaron a cabo para sobrevivir en este contexto.
- Dar voz a las posmemorias de las/os descendientes de algunas de las mujeres represaliadas de Alborea, que nos ayuden a reconstruir la complejidad de sus experiencias vitales y a la vez, nos permitan valorar si existen memorias del daño en su posgeneración. Para esto último observaremos y analizaremos:
    - El conocimiento y la valoración por parte de los/as descendientes del relato de sus madres y/o abuelas, así como la transmisión del mismo.

- La presencia de posibles problemas de salud mental ligados tradicionalmente al estereotipo de feminidad.
- El arraigo o desarraigo al territorio de las/os descendientes.

• Finalmente, pretendemos analizar el tratamiento de la memoria social de la Guerra Civil española y la posguerra en el tejido comunitario y administrativo de Alborea, y los efectos que dicha gestión ha tenido a nivel social.

3. METODOLOGÍA

Teniendo en cuenta lo tratado anteriormente, partimos de la hipótesis inicial de que existe una memoria del daño sobre el cuerpo de las mujeres de la provincia de Albacete que se ha transmitido transgeneracionalmente, y cuyas características varían según el contexto social, histórico y el momento de la vida en que se narre. Y que, además, dichas memorias han traspasado al tejido comunitario, afianzando los estereotipos de género femeninos instaurados por el régimen franquista y dinamitado el tejido social.

Para el abordaje del estudio, partimos de la perspectiva «etno-histórica-sociológica» de la que habla Bertaux (2005, pág. 16) a partir de la cual trataremos de analizar el microcosmos de un territorio de La Manchuela (Albacete), con el fin de identificar en él las lógicas de acción, los mecanismos sociales, los procesos de reproducción y de transformación, que se dieron durante la inminente posguerra, y a través de ellas poder captar algunas de las lógicas sociales del mesocosmos (Ibid., pág. 18), o sea de todo el territorio del estado español.

Para ello se han seguido los siguientes pasos:

3.1. Preselección de áreas de investigación

El interés académico en el estudio de la represión sexuada en la zona de la Manchuela reside en la importancia que tuvo la provincia de Albacete y, en concreto, esta comarca, como núcleo estratégico en la retaguardia gubernamental durante la guerra civil.

Por un lado, a partir de agosto de 1936, Albacete se convirtió en la sede de las brigadas internacionales, aunque no fue hasta octubre de ese mismo año cuando se creó la Comisión Internacional Independiente que organizó la fuerza militar de todos aquellos voluntarios extranjeros que se iban incorporando a las milicias (Selva, 2000, pág. 48). Se escogió esta provincia y no otra (se barajaba también La Coruña y Cataluña) por la ausencia de núcleos anarquistas y por el sigilo que requería desplegar dicha fuerza (Ibid., pág. 48). A finales de ese mismo mes, desfilaban por la provincia más de 3.000 brigadistas que fueron repartidos por algunos pueblos de La Manchuela, como Fuentealbilla, Madrigueras, Casas Ibáñez o Mahora, y otros cercanos a la capital, como Tarazona de la Mancha, La Roda o Chinchilla. En los meses siguientes, Albacete fue un núcleo de efervescencia política, ya que las organizaciones del Frente Popular llevaron a cabo una intensa tarea propagandística favorecida por la presencia de dichas brigadas, lo que provocó que la militancia en las organizaciones obreras se multiplicara y el partido comunista se propusiera como objetivo prioritario ganar la guerra, sirviendo como alhacena de provisiones de las tropas republicanas que permanecían defendiendo Madrid, a una zona de producción fundamentalmente agrícola (Ibid., pág.50). Además, por ser una zona alejada del frente albergó a lo largo de sus pueblos una gran cantidad de familias refugiadas procedentes de Andalucía, Madrid, Extremadura y algunas zonas de Toledo, que huían de la masacre (Ibid., pág. 51). Esto hizo que la población aumentara bruscamente, creciendo los precios de los productos básicos por las dificultades de abastecimiento y dejando a la población en una situación de extrema pobreza (Ibid., pág. 51). Esta realidad de miseria, acompañada de los sucesivos actos de violencia a la población civil en la ciudad, entre los que destacan los diez bombardeos que sufrió la capital, fueron las primeras evidencias de la limpieza política desencadenada en las zonas de retaguardia (Ortiz, 2013, pág. 37); una represión que no había hecho nada más que comenzar y que se convertiría en la causa de mortalidad más importante de España, siendo esta provincia una de los principales testigos de ello.

Si hablamos de cifras, solo en la provincia de Albacete se produjeron 1.026 ejecuciones por orden militar entre abril de 1939 y 1953 (Gómez, 2015, pág. 19), pues Albacete contaba con los tribunales y juzgados más activos durante la Guerra Civil, junto con los de Granada, Valencia y Barcelona. Estos tribunales actuaban para aplicar una mayor represión a aquellas provincias que habían resistido más tiempo del lado de la República (Casanova citado en Gómez, 2015, pág. 18), tal es el caso de la ya mencionada comarca de La Manchuela, compuesta por veinticuatro municipios (Madrigueras, Motilleja, Mahora, Valdeganga, Casas de Juan Núñez, Pozo-Lorente, Alatoz, Villavaliente, La Recueja, Carcelén, Villa

Municipio	Población de 1940	Represión republicana	Tantos por mil de 1940	Fusilados en la Dictadura	Tantos por m de 1940
Abengibre	1.121	0	0	0	0
Alborea	2.267	3	1'3	13	5'7
Alatoz	1.442	0	0	1	0,6
Alcalá del Júcar	3.764	4	1	4	1
Balsa de Ves	1.456	1	0'6	3	2
Carcelén	1.754	2	1'1	0	0
Casas Ibáñez	4.390	1	0'2	3	0'6
Casas Juan Nuñez	2.038	0	0	0	0
Casas de Ves	2.246	5	2'2	4	1'7
Cenizate	1.322	0	0	2	1'5
Fuentealbilla	2.607	3	1'1	18	6'9
Golosalvo	255	0	0	2	7'8
Jorquera	1.954	1	0'5	1	0'5
Mahora	2.502	13	5'1	31	12'3
Motilleja	969	2	2	0	0
Navas Jorquera	1.151	8	6'9	14	12'1
Pozo Lorente	914	4	4'3	5	5'4
La Recueja	920	0	0	0	0
Valdeganga	2.930	1	0'3	2	0'6
Villa de Ves	755	0	0	0	0
Villamalea	3.717	1	0'2	1	0'2
Villatoya	432	0	0	0	0
Villavaliente	721	0	0	0	0
Total	41.627	49	1'1	104	2'4

Tabla 2. La represión en los Municipios del Partido de Casas Ibáñez.
Fuente: Ortiz, 1995, pág. 351.

de Ves, Casas de Ves, Balsa de Ves, Alcalá del Júcar, Villatoya, Alborea, Casas Ibáñez, Fuentealbilla, Golosalvo, Villamalea, Cenizate y Navas de Jorquera) de los cuales, Mahora y Navas de Jorquera, seguidos de Golosalvo, Fuentealbilla, Pozo Lorente y Alborea (todos pertenecientes al partido Judicial de Casas Ibáñez) fueron las más sacudidas, atendiendo al tanto por mil de los fusilados en esos territorios a partir de 1940 (Ortiz, 1995, pág. 351) (tabla 1).

Sin embargo, a pesar del alto número de ejecuciones acontecidas en estos territorios, su población se ve aumentada al final de la guerra en la mayoría de ellos, por la ya mencionada llegada de tropas internacionales y de refugiados que se asentaron en estos y otros municipios cercanos a la capital (tabla 3), generando una situación de desabastecimiento, hambre y miseria que esquilmó especialmente estos municipios a pesar de tratarse de zonas agrícolas.

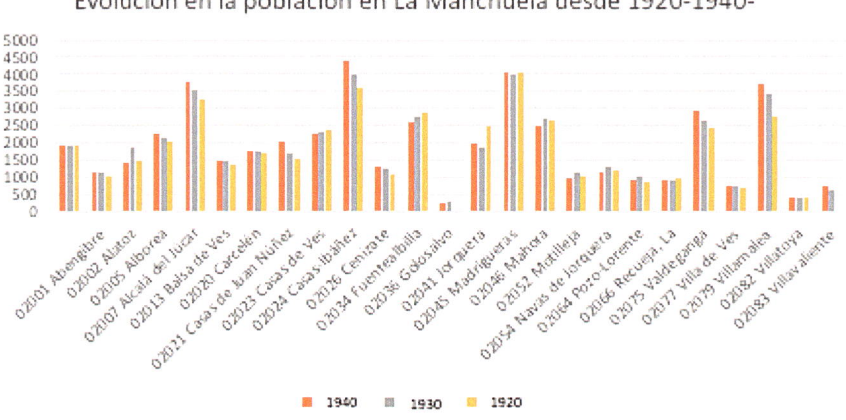

Tabla 3. Evolución de la población en la Manchuela desde los años 20 a los años 40. Fuente INE. Elaboración propia

Con respecto a la represión de la mujer en la provincia, podemos decir que existen algunas diferencias con respecto a la represión masculina en cuanto al número de ejecutadas y a los castigos que se les imponía en esta provincia (González Martínez, 2019), principalmente, evidenciando así la existencia en este territorio de «represión sexuada» (Maud, 2008; Sánchez, 2009), anteriormente comentada.

El trabajo de Miriam González Martínez (2019) analiza la represión de las mujeres en la provincia de Albacete en cifras de mujeres encausadas. Son llamativas los números de Villarrobledo con 55 mujeres, Yeste con 41, Hellín con 36 y Chinchilla con 30 (Ibid., pág. 228). Gracias a este análisis hemos podido comprobar que, en concreto, la comarca de La Manchuela aúna varios municipios que, junto con La Gineta, poseen las tasas más altas de mujeres procesadas con respecto al total de su población en 1940 (Figura 1) de toda la provincia. Entre todos los municipios de la comarca destacan Alborea, con 2,5% de la población total de mujeres residentes allí (29 mujeres en total), Mahora, con un 2% (26 mujeres en total) y Golosalvo, con un 3% del total de la población femenina (4 mujeres) (Ibid., pág. 229).

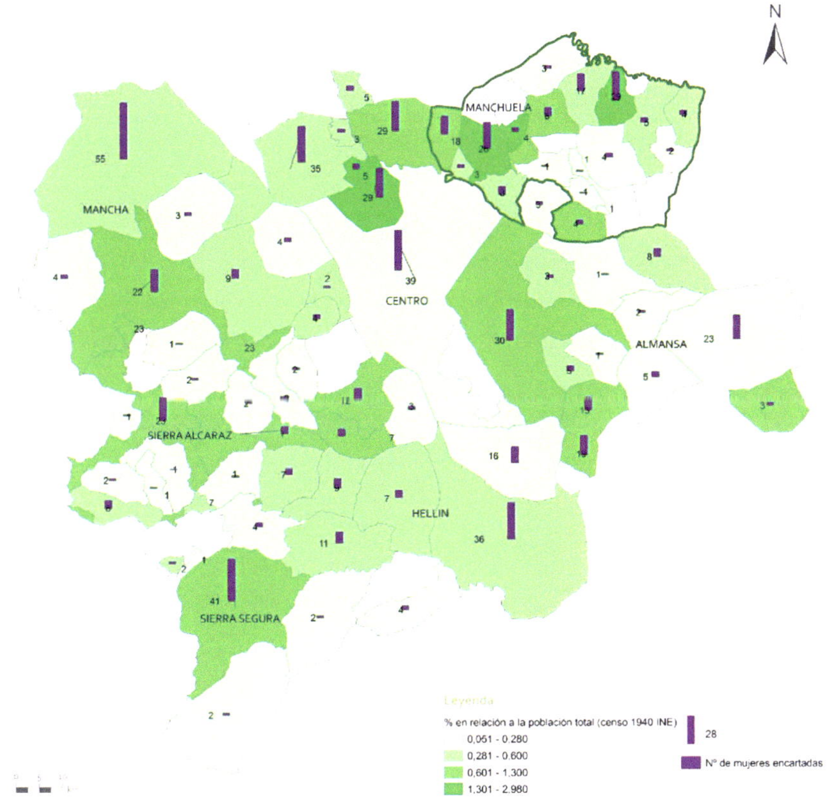

Figura 1. Mapa de distribución de nº de mujeres encausadas en la provincia de Albacete y tanto por ciento de mujeres en relación a la población total. Elaboración propia a partir de los datos del trabajo de Miriam González Martínez (2019).

En la Figura 2, vemos la distribución tanto de la tasa de mujeres procesadas, como del número total de encausadas de por cada uno de los municipios de La Manchuela:

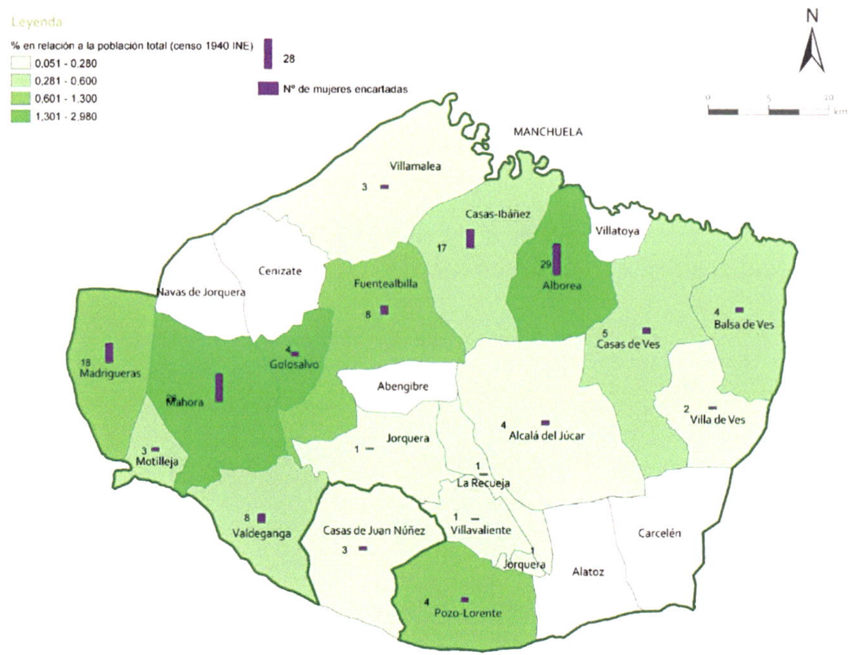

Figura 2. Mapa de distribución de las mujeres encausadas en la comarcade la Manchuela. Elaboración propia.

A partir de estos datos, quisimos realizar una aproximación más detallada a la realidad de las mujeres de los municipios que tuvieron unas mayores tasas de represión femenina en relación al total de la población. Así se revisaron todos los expedientes encontrados en el Portal de Archivos Españoles (PARES) de los municipios del Partido Judicial de Casas Ibáñez (cabeza de partido de la mayoría de los municipios de la comarca de La Manchuela), cuyas tasas de mujeres encausadas eran superiores al 2%, es decir, se tomaron los expedientes de Mahora, Golosalvo y Alborea. Al no encontrar nombres de mujeres dentro de la lista de «personas sospechosas del delito» en los documentos de Golosalvo, dicho municipio quedó descartado como foco de esta investigación. Posteriormente, se revisaron los expedientes judiciales procedentes del Archivo General e Histórico de Defensa de las mujeres encausadas en Mahora y Alborea, y finalmente se optó por estudiar este último municipio ya que resultaba muy interesante el número tan elevado de mujeres encausadas, así como la causa de su persecución, pues este caso da pie a ilustrar las particularidades de la represión sexuada sufrida por mujeres rurales no politizadas durante la Guerra Civil Española.

3.2. El caso de Alborea

A través de las fuentes documentales y de los relatos orales a los que he tenido acceso, se ha pretendido reconstruir los acontecimientos históricos y sociológicos que sucedieron en el territorio de Alborea desde 1939 a 1950, y sus consecuencias en el presente. Esto se ha llevado a cabo gracias al trabajo de investigación antropológica-social de localización, entrevista y análisis de la posmemoria de los descendientes de una de esas mujeres y, por otro lado, al trabajo de archivo, que a su vez también ha permitido sondear la predisposición de las instituciones municipales a la investigación en cuestiones de memoria histórica como ésta y sus posibles consecuencias en el tejido social del municipio. Para ello me he servido de fuentes documentales y de fuentes orales.

3.2.1. Fuentes documentales

Para estudiar la represión sexuada que sufrieron las mujeres en Alborea en el ámbito público (en la calle y en las cárceles) durante los últimos años de la guerra y principios de la posguerra, me serví, en primer lugar, del Portal de Archivos Españoles (PARES), mencionado anteriormente, en donde encontré el expediente emitido por el Tribunal Supremo de España correspondiente a la pieza primera de Alborea, perteneciente al partido judicial de Casas-Ibáñez. Este documento contiene la relación de personas residentes en este término municipal que durante la «dominación roja» fueron muertas violentamente o desaparecieron y se cree, fueron asesinadas; la relación de cadáveres recogidos en este término municipal, de personas no reconocidas como residentes en él que sufrieron muerte violenta durante la dominación roja; la relación de tormentos, torturas, incendios de edificios, saqueos, destrucciones de iglesia y objetos de culto, profanaciones y otros hechos delictivos que por sus circunstancias, por la alarma o el terror que produjeron, debieran considerarse como graves, y que fueron cometidos en este término municipal durante el gobierno de la República; así como diligencias, providencias del Juez, certificaciones y los informes del Juzgado Municipal.

Entre toda esta información aparecieron los nombres de las acusadas de dichos supuestos delitos (PARES, 2020). Tomados estos nombres, traté de localizarlos en el documento del Tribunal Supremo encontrado en PARES encontrando, así, trece de los diecisiete que allí aparecían. Se solicitó la copia digitalizada del sumario 1884, presente en la caja 14.699 del año 1939 del fondo de Albacete del Archivo General e Histórico de Defensa (de ahora en adelante AGHD), situado en Madrid, en el que consta parte de la travesía «oficial» que llevaron a cabo aquellas trece mujeres. Además, tiempo después, en junio de 2022, se pidieron los restantes juicios sumarísimos realizados a todas las mujeres encarceladas de Alborea por diversas causas, excluyendo a las 3 maestras depuradas[10]. Los nombres de todas las encausadas fueron encontrados en la web *Víctimas de la Dictadura*, a través del «buscador por filtro» y poniendo en el campo «sexo», «mujer», y en el campo «natural de», «Alborea». De esta forma, aparecieron un total de 29 nombres, con sus correspondientes juicios[11]. Los cuales, la mayoría digitalizados, fueron consultados en el AGHD durante verano de 2022.

Se consultó también el Archivo Histórico Provincial de Albacete, explorando las secciones de Responsabilidades Políticas, Juntas de Libertad Vigilada, Sección Audiencia Gubernativo, Sección audiencia juzgados,

---

[10] Las maestras depuradas fueron Consuelo Prada Maza, Francisca Sánchez Pérez y Octavia Monteagudo Atiénzar (Ramos & Gallego, s.f.)

[11] Además del ya mencionada causa 14994/1 ya mencionada, los nuevos expedientes consultados en el AGHD fueron el de Águeda Serrano Sáez, su vecina Ana González Pérez y María Josefa Núñez Torres (Sum. 15235/caja 12), el de Teodosia Cabero Alonso y Victoria López Martínez: (14993/6), el de Ramona Mondéjar Soriano (15080/7), el de María Ferrer González (14908/3), el de Producena García Haya (15128/10), el de Sinforiana Gómez Valero y Ceferina Pérez Segovia (14952/2), el de Presentación Grimal Biosca y Emiliana Pérez Talavera (15227/5- 15227/4), el de Emilia López Martínez: (15128/8) y el de de Josefa Martínez Serrano y Querubina Teruel Pardo (14873/1).

Sección audiencia criminal, Sección Gobierno Civil, dando con un nuevo nombre, Josefa Costa González, cuyo expediente no era mencionado en el sumario 1884 junto a las demás.

En cuanto al Archivo Municipal de Alborea, cabe destacar los enormes problemas que ha habido para acceder al mismo. En mayo de 2020, se contactó con el Ayuntamiento del municipio con el fin de solicitar la entrada al mismo para la revisión de la documentación pertinente que hablara del alcance de la represión durante la guerra y posguerra en el territorio (padrón municipal desde el año 1935-1950, mortalidad infantil, muertes sospechosas, expedientes de prestaciones sociales durante los años de posguerra, padrones de beneficencia, reclutamiento, infracciones y multas, entradas y salidas de correo postal así como informes de auxilio social, etc.). Sin embargo, desde la primera reunión con el alcalde y con el concejal de cultura del Ayuntamiento y la posterior solicitud telemática, pasaron varios meses de muchas conversaciones, mensajes e intentos fallidos de comunicación. Hasta que finalmente se recurrió a nuestra informante para que mediase con el Ayuntamiento de manera informal, obteniéndose así acceso al mismo.

Por los hechos descritos y por los que se describen en el apartado siguiente en relación a la petición por parte del Ayuntamiento de mantener esta investigación en riguroso régimen de secretismo, se considera que el consistorio ha pretendido esquivar repetidamente el artículo 22[12]

[12] Artículo 22. Derecho de acceso a los fondos de los archivos públicos y privados:
- A los efectos de lo previsto en esta Ley, se garantiza el derecho de acceso a los fondos documentales depositados en los archivos públicos y la obtención de las copias que se soliciten.
- Lo previsto en el apartado anterior será de aplicación, en sus propios términos, a los archivos privados sostenidos, total o parcialmente, con fondos públicos.
- Los poderes públicos adoptarán las medidas necesarias para la protección, la integridad y catalogación de estos documentos, en particular en los casos de mayor deterioro o riesgo de degradación
- Disposición adicional octava. Acceso a la consulta de los libros de actas de defunciones de los Registros Civiles.
- El Gobierno, a través del Ministerio de Justicia, en cuanto sea preciso para dar cumplimiento a las previsiones de esta Ley, dictará las disposiciones necesarias para facilitar el acceso a la consulta de los libros de las actas de defunciones de los Registros Civiles dependientes de la Dirección General de los Registros y del Notariado.

de la antigua Ley 52/2007 de 26 de diciembre, de Memoria Histórica y la actual Ley de Memoria Democrática.

3.2.2. Fuentes orales: El relato de vida

«Cualquier experiencia de vida encierra en sí una dimensión social» (Alfred Schütz, citado en Bertaux, pág. 48)

En esta época post-covid, cuando algunos de los últimos testimonios vivos de la posguerra española se han apagado en domicilios, residencias y centros hospitalarios, a lo largo de toda nuestra geografía, sin posibilidad de reconocimiento social ni de verdad, el interés fundamental de este trabajo se sitúa en las fuentes orales y, fundamentalmente, en los testimonios de las familias de las mujeres represaliadas de Alborea, posmemorias del daño en dicho territorio pues, tal y como apunta Bertaux (2005, pág.47):

> Las familias contienen el tiempo más y mejor que las existencias individuales; mejor, porque generan nuevas temporalidades mediante la producción de nuevas vidas, lo que, mediante el fenómeno de la transmisión intergeneracional, introduce la temporalidad cíclica de las generaciones.

El relato de vida y, concretamente, las historias de las/os descendientes, constituyen la prolongación natural de los relatos de vida individuales (y algunos, los menos, colectivos), siendo esta la forma idónea mediante la cual captar la articulación de los diferentes ámbitos de la existencia, y su dimensión temporal. Esto permite un análisis sincrónico y diacrónico de una parte de la realidad socio-histórica, lo que posibilita en nuestro estudio profundizar en el conocimiento sobre quiénes fueron las mujeres represaliadas de Alborea (1939-1945), qué les pasó y por qué. Además, queremos saber quiénes son sus descendientes/as y qué fenómenos se observan en ellas/os como producto de los relatos heredados, con el objetivo de comprender, así mismo, la dinámica interna de esa comunidad en el presente.

La búsqueda de las posmemorias de Alborea tuvo dos fases. La primera de ellas, se realizó durante la primavera-verano de 2020, en el contexto de la pandemia. En esta primera etapa, el personal del Ayuntamiento de

Alborea fue la primera toma de contacto, con el fin de que alguien de allí sirviera como «informador/a central» (Bertaux, 2005, pág. 52), a partir del cual empezar a desarrollar la «función de exploración» (Ibid. pág. 52) que ayudara a trazar así una panorámica de las diferentes posibilidades que ofrecía el contexto en este momento. Este informador central fue el concejal de cultura del Ayuntamiento de Alborea. Él mismo, en diversas llamadas, mensajes y en una posterior reunión me contó su versión de los hechos acontecidos en Alborea el 18 de febrero de 1937, cuyo relato coincidía casi literalmente con la narrativa de la acusación del expediente 1884, que más adelante analizaremos. Tras ponerlo en antecedentes, convocamos una primera reunión con la alcaldía en donde me pidieron expresamente que no entrevistara a ninguna persona del pueblo aleatoria con respecto a los hechos investigados, por tratarse de «historias sensibles que es mejor no traer a la memoria de la gente mayor para no perturbar su sosiego». A cambio de nuestra quietud, el alcalde me ofreció el contacto de una persona de confianza, familiar de una de las mujeres represaliadas. Tres semanas después y bajo las ya mencionadas condiciones expresas de «no remover a nadie más» me pusieron en contacto con la primera informante: la nieta de Obdulia Pérez Fuentes, una de las catorce mujeres encausadas en el sumario 1884.

Una vez conseguido el contacto de la primera informante, hablé con ella para explicarle quién era, de qué se trataba la investigación y la pretensión de recoger la narrativa de su historia familiar en relación a la represión de posguerra que sufrió su abuela. Cuando obtuve su beneplácito, preparé la entrevista de acuerdo a los objetivos de la misma y atendiendo a los trabajos de Mariela Sánchez (2012; 2015), Elisabeth Burgos (2005), el manual de *Recordar y narrar el conflicto: Herramientas para reconstruir memoria histórica* (2009) y el trabajo de Bertaux (2005). También se tuvieron en cuenta trabajos literarios que hablan de la importancia de la memoria y el olvido para la salud mental, como el de Concepción Garriga (2012), y la obra de la catalana Maria Barbal, para la cual la memoria también es una herramienta de reivindicación y lucha (Garriga, 2012, pág. 604). Con todo este material, la entrevista quedó enmarcada, no sólo desde el punto de vista de la investigación científico-cualitativa «etno-histórica-sociológica», sino también desde una perspectiva de intervención social, terapéutica, performativa y política en la que la narración de los hechos en sí misma favorece la creación de un espacio idóneo para la expresión de las subjetividades (culpabilizantes, obsesivas, miedosas, depresivas, etc.) atravesadas por el modelo de feminidad tradicional, que las hacía callar. Y, que, al ponerle voz durante este espacio de tiempo, motiva la adquisición de conciencia de la realidad que vivieron esas mujeres por el hecho de serlo y por estar vinculadas supuestamente a la «causa roja», posibilitándose así la elaboración de los hechos traumáticos. Estamos hablando, a su vez, del reconocimiento de la genealogía femenina, del acto de ruptura con las convenciones patriarcales y, en definitiva, de transformación social. En esa primera entrevista, y tras la puesta en marcha de la técnica de «bola de nieve», dejé la puerta abierta para una segunda sesión con la misma informante y con su hija, en vista de que sería imposible acceder a otras voces que no pertenecieran al círculo familiar más cercano[13], como se aprecia claramente en sus palabras:

> NIETA DE OBDULIA (En adelante N. O): Pero a ver, ¿quiénes son las otras mujeres? [Lee el listado que le damos donde vienen apuntadas las quince mujeres que aparecen en el sumario 1884]. Cándida González, Ana Cabeza, Josefa... Es que yo no las conozco. Petra... Ah, la Petra, sí. Mira esa... Esa sí sé quién es. Y Claudia también, porque eran hermanas. Y Claudia, esa sí que luego... Porque esa era más joven. ¿Ves? Esas sí que las conozco. [...] Tenían una casa muy grande... [...] Pero bueno, ahora en la casa de ellas han hecho otras casas. Tenían un huerto muy grande, íbamos allí también, sí. Esas dos. Y Claudia luego se fue, porque era más joven. Esa era más joven.
>
> ENTREVISTADORA (de ahora en adelante, E): Y familia de Claudia y de Petra que a lo mejor tú puedas conocer...
>
> N. O.: Pero mira, se murió hace poco el hermano. Y también una hermana.

[13] Nos queda la duda de si este impedimento es parte de la estrategia del Ayuntamiento, habiéndola aleccionado, o de si es producto del fenómeno social a estudiar dentro de la investigación.

E: ¿Y hay familia de ellas que viva?

N. O.: La familia de ellas está toda en Valencia, no. Se murió también... Claudia aún se fue, porque ella sí que la recuerdo yo… tiene que ser ella. Porque luego la Petra se fue a Valencia... Ella se fue a Valencia, y luego de allí ya te digo que se casó con uno que no sé qué, y se fue a África o por ahí, no lo sé. Tiene que ser ella.

E: ¿Y Petra tuvo hijos?

N. O.: Sí, ella tenía hijos, claro. Elena... Sí.

E: ¿Y viven aquí?

N. O.: No, ya se murieron también.

E: Ah. ¿Y nietos?

N. O.: En Valencia. Los nietos en Valencia, pero una nieta... Sí, que era como yo. Y no vienen. Somos amigas, y si viene, claro, pero no tenemos teléfonos, ni cosas, porque ya, cuando vivía su abuela sí que venían, pero una vez que la abuela murió, pues ya no. [Murmura, aparentemente mirando los papeles] Y ya a las demás no. Las únicas la Petra y la Claudia. Esas sí que las hemos tratado. Y ya te digo, y mi abuela se llevó bien, de maravilla.

E: ¿Y con Isabel Pérez García o Josefa Navarro…?

N. O.: Es que yo esas no sé quién son. ¿Sabes qué pasa? Es que ellas venían en el verano, y luego, claro, su abuela se murió pronto… Venían a ver la abuela, pero cuando se murió...Unos años de crías, pero luego ya... Se murieron... Y ya no han venido. [Más adelante] Eso, si hubiera vivido mi padre... pues fíjate... Pero igual no hablaba... Él tenía mucha memoria (apellidos, nombres...) todo lo sabía... (pausa)...Isabel Serrano Núñez era una amiga de mi abuela. Pero yo no sé si nació aquí... Cuando nosotros la conocimos ya estaba en Valencia. Vino alguna vez a ver a mi abuela... sí... Nosotros desde que la conocimos, vivía en Valencia. Claro, porque cuando la conocimos éramos nosotros ya mayores.... ¡A lo mejor venía cuando éramos pequeños y yo no me acuerdo!

E: ¿y tenéis contacto con algún hijo o hija?

N. O.: No, ella no tenía hijos. Ella venía siempre aquí sola, a nuestra casa, cuando ya éramos un poco mayores. Ella estuvo soltera siempre. Yo creo que sí, es ella. Es que no puedo saber con esos datos.... pero, claro, te acuerdas de mucha gente y... [murmura] ...es que claro... hay cosas que no se han hablado[...].

En vistas de que estaba siendo difícil e incómodo para la informante el hecho de que le preguntara e indagara más por algún contacto de la familia de aquellas mujeres, cerramos ahí la entrevista y decidí construir las genealogías por otra vía, puesto que la crisis sanitaria también había desarticulado gran parte de los espacios de encuentro regular de mujeres, como el grupo de costura de Password o las reuniones de la Asociación de Mujeres, dificultando mucho así el acceso a las personas mayores (hijas e hijos de las represaliadas):

E: ¿Sabes algún sitio donde se junten las mujeres... (el mercado...)? Donde pudiera acercarme...

N. O.: Es que no hay mercado con esto de la pandemia... No hacen mercadillo. Y, claro, está la asociación de mujeres, pero resulta que, en la asociación, todo es gente joven, ¿sabes? Porque la gente mayor (los que no están muertos), ya no están en ese ambiente.

E: no, si es por conocer a gente que pueda querer contarnos...

N. O.: no quieren, porque... Es que ahora está tan enrarecido esto con la política... ¿sabes? Ya te digo yo que no... Ahora mismo que somos 500 habitantes, tú no sabes qué lío con la política, ¡qué lio!... Te tachan de unas cosas sin ser... A mí que la política me importa un cuerno, que no he querido saber nunca nada... Aquí ha habido mucho lío y están las cosas un poco tirantes. De política nadie quiere hablar... Y menos de esas cosas de la Guerra...

E: ¿tú crees que hay gente mayor en el pueblo que quisiera contar su historia...?

N. O.: gente mayor hay, pero que quieran hablar... no quiere nadie. Yo tampoco puedo ir a decirle... «oye... ¿quieres...?». Es un tema muy delicado. Y tú le preguntas a alguien y... ¿quién te va a...? Es que no puede ser porque a las personas mayores encima que les digas «mira, me ha dicho fulanita...», «vengo recomendada para ver si quieres...» las personas mayores no quieren... Que no... No quieren... No ves que es un pueblo muy

> pequeño... Y es poner a la gente en un compromiso... A la asociación de mujeres, cualquier reunión que se dicta no va nadie. Y ahora convocarlas no se puede, no es tiempo, ahora no se hace nada. La gente no se quiere juntar y las personas mayores no salen, tienen miedo. Están todos en sus casas y no salen...

Con el fin de conseguir variabilidad en los testimonios y un número amplio de ellos para relacionarlos entre sí y poder aislar las ideas comunes a todas las experiencias, aquellas que corresponden a su dimensión social (Bertaux, 2005, pág. 41), decidí construir los árboles genealógicos de las mujeres encausadas en el sumario 1884 partiendo de la información hallada en los Padrones Municipales consultados, usando para ello los libros del registro civil. He aquí la segunda fase de la investigación.

En febrero de 2022 se envió por registro electrónico y, bajo petición del ayuntamiento, la solicitud para poder entrar en el registro civil, con sede en el edificio consistorial. En mayo y, a pesar de las múltiples llamadas al Ayuntamiento, todavía no habían respondido a mi petición, hasta que milagrosamente, un buen día, una empleada del mismo quiso hacerme el favor de contactar con el juez municipal y éste tuvo a bien dejarle las llaves del registro para darme entrada y poder así consultar los libros de nacimientos, matrimonios y defunciones. De esta forma fui construyendo los árboles genealógicos de cada una de las 14 mujeres que aparecen en la causa 1884, tratando así de llegar a los descendientes más actuales. Esto, por un lado, permitiría poder preguntar directamente en el pueblo por las personas del presente, más fácilmente localizables (por supuesto, haciendo caso omiso al intento por parte de las autoridades municipales de dificultar el acceso a los cauces de «memoria divergente») y, por otro lado, permitiría también ver cuál habría sido el tránsito migratorio que muchas familias tuvieron que hacer durante la posguerra, pudiendo analizar así, este fenómeno social.

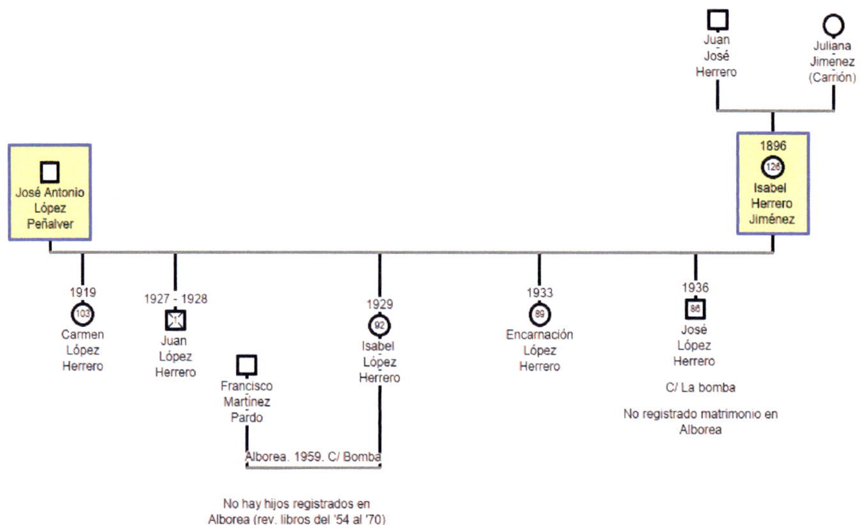

Figura 3. Ejemplo de árbol genealógico elaborado a partir de los datos extraídos del Registro Civil de Alborea en donde aparecen señalados en amarillo el nombre de la personas encausadas, en este caso Isabel Herrero Jiménez y su esposo, José Antonio López Peñalver.

Así fue, pues: trazar la genealogía de la represión en Alborea, sobre papel, trajo consigo obtener los nombres, apellidos y el lugar de residencia de los/as hijos/as de 10 de las 13 mujeres encausadas en el sumario mencionado (a Obdulia no la contamos pues ya teníamos a la familia localizada). Con estos datos y, gracias a la ayuda del investigador alboreano,José Deogracias Carrión Iñiguez y a su primo, Pedro Serrano (a los cuales se accedió mediante la ayuda del Instituto de Estudios Albacetenses) se contactó con un total de cinco personas, de las cuales, tan solo una quiso participar de la investigación al saber el motivo de mi llamada.

La falta de testimonios y los motivos por los cuales los/as potenciales informantes no han querido facilitar el contacto de otros/as personas, no es otra cosa que el reflejo del miedo (aún presente a día de hoy, sobre todo en los/as más mayores) y las políticas del silencio que se han venido haciendo en todo el territorio español, teniendo una mayor incidencia en las zonas rurales. Esta cuestión merece un espacio propio y se tratará más adelante. Pero como resultado de este hecho es que, de seis personas contactadas, residentes en Alborea y familiares directos de las encausadas, se han obtenido un total de dos informantes.

3.3. Manejo y tratamiento de los datos.

A pesar de que la función de exploración del relato de vida (Bertaux, 2005, pág. 55) se vio seriamente limitada, se estima que los relatos con los que ya se contaba podrían estar cargados de fuerza expresiva (función expresiva o comunicativa, ibid., pág. 55). Así pues, realizada la grabación de una de las entrevistas realizadas, y una vez eliminados los ruidos de la misma, se re-transcribió[14] y posteriormente se analizó, teniendo en cuenta los momentos más representativos y relevantes, siguiendo algunas claves de la perspectiva etnosociológica de Bertaux (2005, págs.73-102) para trabajar con relatos de vida.

Paralelamente al análisis de las tres entrevistas realizadas (una presencial y las otras dos telefónicas), se digitalizaron los documentos del Archivo de Alborea que creímos que serían de utilidad para reconstruir el microcosmos del pueblo durante la guerra y los primeros años de posguerra y así ver el impacto que tuvo la misma en el cuerpo social.

[14] El término «transcripción» puede significar la acción de transcribir o su resultado. Para evitar confusiones designaremos aquí la acción de transcribir mediante la palabra «retranscribir» y «retranscripción», reservando el término de «transcripción» al texto resultante. (Bertaux, 2005, pág. 74)

4. RESULTADOS

4.1. Represión política inminente en Alborea

4.1.1. Algunos datos demográficos representativos del municipio

Como hemos visto brevemente a lo largo de la Introducción, el régimen franquista desarrolló un complejo sistema represivo que debe ser analizado teniendo en cuenta no sólo la dimensión cuantitativa de las víctimas, sino también la dimensión cualitativa (Ortiz, 2013), que se concretó en múltiples formas de violencia (violencia administrativa, violencia moral, violencia social, violencia sexual, etc.) que provocaron un profundo miedo que trajo consigo la destrucción moral de las víctimas y contribuyó a la amnesia colectiva (Ortiz, 2013, pág. 83).

Las fuentes documentales del Archivo Municipal de Alborea que revisamos para tratar de determinar cuál fue el alcance real de la represión durante la guerra y los primeros años de posguerra, así como su efecto en el tejido comunitario y familiar hablan sobre todo de las alteraciones demográficas que se produjeron en el municipio entre 1936 y 1945. Destacan, así, las hojas-resumen del Padrón Municipal desde el año 1935 al año 1947, los libros de alistamiento en filas de los quintos del año 36 o los libros de Rectificaciones del Padrón Municipal de Habitantes del 1937 al 1944, en donde aparecen las altas por inscripciones declaradas de oficio o a instancia, por la modificación del Artículo 18 de la Ley de Municipalidad, y bajas por defunción, por cambio de vecindad fuera del término o por incapacidad. Con ellas, podremos hacernos una ligera idea de la situación económica y social en la que quedó sumido el pueblo en este periodo.

Además de esta información, se pretendió analizar la documentación referente a los Padrones de Beneficencia y Asistencia Social, las tarjetas de abastecimiento, el libro de «Registro de actividades molestas, insalubres, nocivas y peligrosas», así como los libros de actas de los Plenos del ayuntamiento en el periodo comprendido entre 1935 y 1945, sin embargo comprobamos que en la mayoría de cajas y libros no existen registros de estos años o están arrancados, lo cual supone una prueba más de la dificultad de la investigación sobre materia de Memoria Histórica en España, debido a la opacidad que rodea todavía hoy ese periodo; puesto que es sabido que en el detalle de cada una de las hojas de las fuentes mencionadas están las huellas de la lógica represiva con las que el régimen franquista infectó el cuerpo social con idea de que esta perviviera a lo largo de generaciones. Por ello, la información que aquí está es la que se ha podido recabar asumiendo las limitaciones a las que nos hemos tenido que enfrentar.

Concretamente, lo que se puede decir en cuanto a la tasa de población general del Municipio de Alborea (en la que se incluyen vecinos, domiciliados y transeúntes), es que, como vemos en la Figura 3, existe un ligero ascenso de población en el año 1936 (Archivo Municipal de Alborea. Padrón municipal 1936), lo cual podría explicarse por la llegada de los brigadistas internacionales y refugiados políticos procedentes de Andalucía, Extremadura, Madrid y parte de Toledo (Selva, 2000, pág. 189), con su distribución por algunos territorios de La Manchuela cercanos a Alborea, tal y como se ha indicado anteriormente.

A partir del año 1939, se observa una disminución de la población de hombres que se mantiene hasta el año 1947. Podríamos pensar que esto se debe al elevado número de jóvenes que fueron reclutados para luchar en el frente durante estos años (un total de 89 jóvenes nacidos entre el 1915 y el 1918) y a las 14 ejecuciones que se llevaron a cabo por parte del bando sublevado, tras la guerra, llevadas a cabo en su mayoría en las tapias del cementerio de Albacete, según datos recogidos en el trabajo de Ortiz (1995, pág. 351). A pesar de estas alteraciones, parece que el total de la población de Alborea no sufrió grandes variaciones demográficas durante la guerra. Sí, en cambio, una vez adentrada la posguerra como era de esperar, dada la paupérrima situación en la que se sumió toda la provincia (Figura 4).

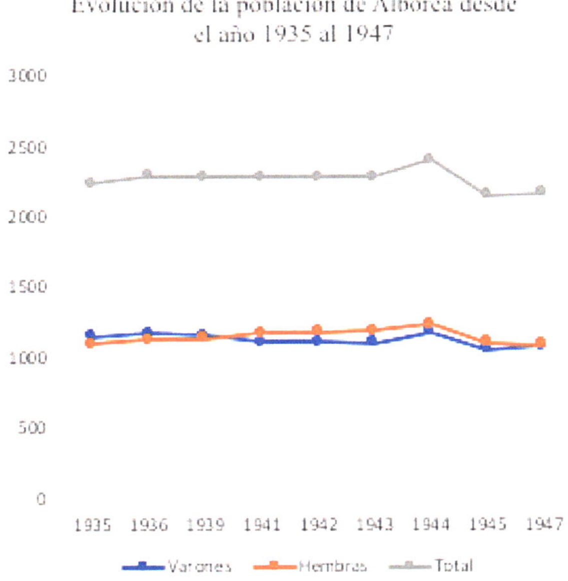

Figura 4. Fuente: Padrón municipal de los años 1935, 1936, 1939, 1941, 1942, 1945 y 1947. Archivo Municipal de Alborea. Gráfico de elaboración propia

Otro dato que llama especialmente la atención al revisar los documentos de «Rectificación del Padrón Municipal de Habitantes», es la mortalidad infantil desde los años 1937 al 1944 que, como vemos en la Figura 5, fue muy elevada poco tiempo después de comenzar la guerra y vuelve a aumentar significativamente en el año 1943.

Una posible hipótesis sobre el aumento de la mortalidad infantil, sobre todo de niños y niñas menores de un año durante 1936, pudo tener que ver con un mayor número de embarazos, quizá debido al aumento del número de hombres en el pueblo y alrededores (refugiados y brigadas internacionales) que, sumado al empeoramiento de las condiciones socioeconómicas, hizo que se produjeran más nacimientos y con ello,

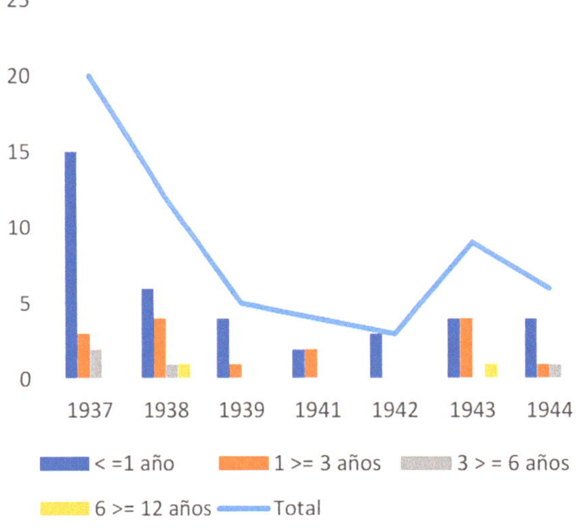

Figura 5. Fuente: «Rectificación del Padrón Municipal de Habitantes», de los años 37, 38, 39, 41, 42, 43 y 44. Gráfico de elaboración propia

más fallecimientos de niños y niñas durante el parto o los meses inmediatamente posteriores. El pico observado en el 1943 sí se podría interpretar como producto de la difícil situación económica que atravesaban las familias del municipio durante la posguerra, especialmente aquellas que sufrieron en su seno la violencia física, administrativa, laboral, moral, social y política más cruda. Se piensa que esta violencia múltiple, que tan habitualmente se traducía en escasez y enfermedades, la pudieron padecer en este momento sobre todo los/as más pequeños/as, sin llegar a ser bebes que pudieran amamantarse; por ello, las muertes que se observan en este caso no son tanto de recién nacidos como veíamos que sucedía en 1936, sino de niños de entre uno y tres años.

En definitiva, la localidad en la que se desarrolla el estudio, Alborea, presentó durante los años 1936-1945 ciertas características demográficas similares a muchos territorios colindantes de la Manchuela albaceteña, tras la sublevación militar y la posterior represión (Pardo, 2000, págs. 167-195), llevada a cabo por el franquismo para «mantener a raya al enemigo interior» (Ortiz, 2013, pág. 17). Sin embargo, sería necesario un mayor estudio de otras variables relacionadas con el empleo, las cosechas, las incautaciones de bienes y de fincas, etc. para poder aproximarnos con mayor certeza a las causas de tales fenómenos en Alborea. Aun así, el estudio de estos datos previos creemos que puede facilitar la comprensión del contexto en el que tuvieron lugar los hechos que aquí se van a tratar y las consecuencias que trajeron consigo.

4.1.2. El asesinato de Cándido Piqueras: el pecado de Eva y otras transgresiones

Según consta en el sumario 14699, el 18 de febrero de 1937, a las seis de la tarde, un vecino del pueblo de Alborea se presentó en el Juzgado Municipal manifestando que, en el lugar conocido como Cerro de las Oliveras, se había encontrado el cadáver de un hombre, vecino también del municipio: se trataba del cuerpo de Cándido Piqueras Pardo (AGHD, caja 14699/4, causa 1884 (Albacete), pág.159-160).

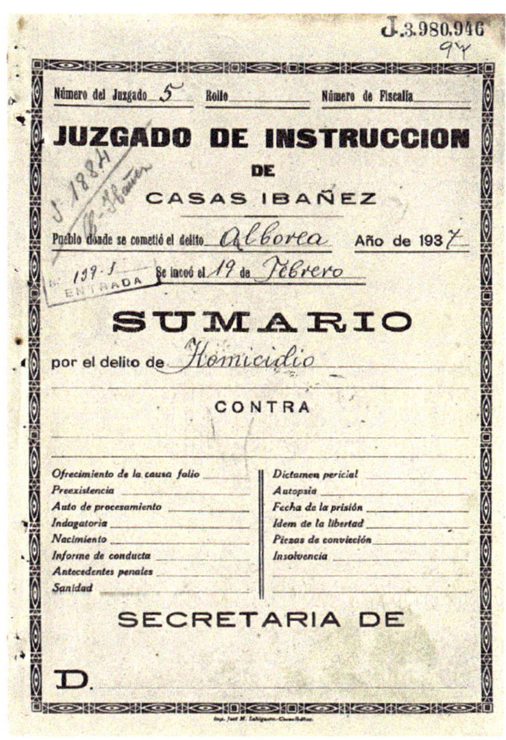

J.3.980.946
94

Número del Juzgado 5 Rollo Número de Fiscalía

JUZGADO DE INSTRUCCION
DE
CASAS IBAÑEZ

Pueblo donde se cometió el delito Alborea Año de 1937

Se incoó el 19 de Febrero

SUMARIO

por el delito de Homicidio

CONTRA

Ofrecimiento de la causa folio	*Dictamen pericial*
Preexistencia	*Autopsia*
Auto de procesamiento	*Fecha de la prisión*
Indagatoria	*Idem de la libertad*
Nacimiento	*Piezas de convicción*
Informe de conducta	*Insolvencia*
Antecedentes penales	
Sanidad	

SECRETARIA DE

D.

Ilustración 1. Fuente: Archivo General e Histórico de Defensa. Fondo: Albacete. Año: 1939. Sumario 1884. Caja 14699. Nº 4

Días más tarde, el 25 de febrero del 1937, dos agentes de la comisaría de Vigilancia fueron, a investigar el caso y, habiendo preguntado a varias personas de allí, concluyeron su informe de la siguiente manera:

> A los primeros días de la revolución se trajeron preso a esta cárcel [la prisión provincial de Albacete] a Cándido Piqueras. Transcurrido un tiempo, cayó enfermo y se le concedió la libertad atenuada el día 15 de febrero, por cuyo motivo regresó al pueblo el día 17 de febrero, acompañado por un hermano político no notando nada de anormalidad. El 18

> de febrero a las 10:30 a.m. de la mañana se presentó el alcalde [Santiago Jiménez González] en su casa manifestándoles que habían estado en la Casa Consistorial un grupo compuesto en su mayoría por mujeres protestando por la llegada de Piqueras Pardo al pueblo de nuevo, por lo que pedían, entre otras cosas, su expulsión y para que se calmaran los ánimos había prometido a los amotinados hacer todo lo posible porque se marchara del pueblo la familia, dándoles un plazo de veinticuatro horas. En vista de esta orden y de la actitud que pudieran apreciar del pueblo, decidieron marcharse antes de que expirara el plazo, por lo que ese mismo día por la tarde salieron de casa con ánimo de montar en La Requenense, encontrándose en la Plaza del pueblo con un número muy crecido de mujeres y de algunos hombres, entre los cuales se hallaban Juan Martínez Pérez, Ángel Viosca Pardo, José López Peñalver y Ambrosio conocido como «Machaquito», conserje de la Casa de Pueblo. Estos cuatro se adelantaron y amenazándole con revólveres y otras armas, dijeron a Cándido que los siguiera, creyendo en principio que se lo llevarían al Ayuntamiento, pero pudo apreciar que seguían la dirección del Cementerio, en donde una vez que estuvieron en la puerta, Juan Martínez Pérez le disparó tres tiros cayendo la víctima al suelo; le propinaron varios puntapiés y al ver que no se movía lo dejaron y se marcharon todos. Al observar Cándido Piqueras que ya no había nadie, se levantó y caminó en dirección a la aldea titulada La Arenilla. Anduvo unos kilómetros y una chica de unos 10 o 12 años que se encontraba por allí lo vio y salió corriendo al pueblo a dar la noticia de que lo había visto correr, saliendo en su persecución mayor número de hombres y mujeres, siguiendo la pista de las manchas de sangre, dando con él y rematándole. (AGHD, caja 14699/4, causa 1884 (Albacete), pág. 173-175).

A partir de este informe, se detuvo y fueron llevados al cuartel a prestar declaración Santiago Jiménez González, Juan Martínez Pérez, Antonio Verdejo Pérez, Ambrosio Cuesta Navarro, Ángel Viosca Pardo y José Antonio López Peñalver. También fue llamada a comparecer Isabel Carrión González, vecina de Alborea y supuesta testigo de los hechos. Tras la toma de declaración, los seis hombres fueron trasladados de inmediato a la Prisión Provincial de la capital y fueron puestos a disposición judicial.

No se sabe bien qué sucedió con estos hombres durante ese tiempo, puesto que no existe más documentación del caso hasta el año 1939, «año de la victoria», en el que el régimen se apoyó en el Código Militar de 1890 para modificar la normativa del Bando de Guerra de julio de 1936, anunciando así que «los delitos cometidos a partir del 18 de julio de 1936, sea cual fuera su naturaleza, pasaban a ser competencia del «Ilmo. Señor Auditor de Guerra del Ejército de Ocupación de esta provincia» (AGHD, caja 14699/4, causa 1884, Albacete, pág. 176), o sea, de la Junta de Defensa Nacional (González Martínez, 2019, pág. 254). Así, con el fin de la guerra y el inicio de la dictadura militar, el supuesto asesinato de Cándido Piqueras pasó a convertirse en la excusa perfecta que dio la posibilidad al régimen franquista de ofrecer castigos ejemplares, no sólo a los hombres teóricamente implicados en su asesinato, sino también a todas las mujeres que estaban en la plaza del pueblo (terreno público) en ese momento, estuvieran relacionadas o no con su muerte, lo que implicó la fragmentación definitiva del tejido social del pueblo. Para esta tarea, el gobierno de Franco se sirvió y alimentó los sentimientos humanos más reprensibles que se quedaron arraigados con la guerra, como son la venganza, el odio y el miedo; y con estos a flor de piel no fue difícil sembrar los valores del régimen en los entresijos de cada pueblo, barrio o ciudad, haciendo así que los vencidos recordaran que lo eran en los frentes cotidianos del día a día.

Así, a través de las denuncias[15] de la que fue la esposa de Cándido Piqueras, Edelmira Pérez González, y a las declaraciones de algunas otras vecinas[16] y vecinos que supuestamente presenciaron los hechos, el día

[15] Denuncia manuscrita a Cándida González Pardo, María Murcia García, a Anita Cabezas Sáez, a Josefa Sáez González(«La de Roquete»), a Prudencia Monedero Serrano, a Obdulia Pérez Fuentes, a Isabel HerreroJiménez, a Petra Sáez Expósito, a Claudia Sáez Expósito, a Isabel Pérez García, a Isabel Serrano Núñez a Josefa Navarro Sáez, Concha Herrero Fernández todas ellas realizadas el día 4 de junio de 1939 (AGHD, caja 14699/4, causa 1884, Albacete, págs. 55, 63, 71, 79, 87, 95, 103, 111, 119, 128, 136, 144).

[16] Declaraciones de testigos realizadas el 26 de abril de 1939: Angelita García Pérez, Pura Lucas Jiménez, Amalia González Pérez, Rosa Pérez González, Asunción González Pérez, Encarnación Fernández Ferrer, Leopoldo Talavera Pérez, Amalia González González, Isabel Carrión González, encarnación Carrión González, Isabel Medina López (AGHD, caja 14699/4, causa 1884, Albacete), págs. 12- 24). En el caso de Encarnación

17 de Abril de 1940, un total de quince mujeres y siete hombres fueron apresadas/os (nuevamente en el caso de ellos) y sometidas/os a Juicios Militares Sumarísimos de Urgencia en los que Claudia Sáez Expósito, Ana Cabezas Sáez, Josefa Costa González, Prudencia Monedero Serrano, Obdulia Pérez Fuentes, Petra Sáez Expósito, Claudia Sáez Expósito, Isabel Serrano Núñez, Concha Herrero Fernández, Cándida González Pardo, Josefa Navarro Sáez (AGHD, caja 14699/4, causa 1884, 1939, Albacete) y María Ferrer González (AGHD, caja 14908/3, causa 4053, 1939, Albacete) vecinas todas ellas de Alborea, fueron condenadas/as a penas de Prisión Mayor (30 años) por un delito de Adhesión a la Rebelión Militar, «según el párrafo segundo del artículo 238 del Código de Justicia Militar» (AGHD, caja 14699/4, causa 1884, Albacete, pág. 184); María Murcia, Josefa Sáez González e Isabel Herrero Jiménez, junto a los tres hombres, fueron sentenciadas a Pena de Muerte, por el delito de Adhesión a la Rebelión con el «agravante de perversidad y transcendencia de los hechos que menciona el artículo 173 del mismo Texto Legal»; y, en el caso de Isabel Pérez García, al ser menor, pasó a disposición del Tribunal Tutelar de Menores.

Las sentencias de las condenadas a 30 años de Prisión Mayor juzgaban su «mala conducta personal y antecedentes izquierdistas, formar parte del grupo que separó a don Cándido Piqueras de su mujer (…) hacerle objeto de toda clase de insultos y vejaciones, arrojarle piedras, algunos palos y presenciar su muerte» (Ibid., pág. 184); a María Murcia, alias, «La Ribereña» se la acusó de «antecedentes izquierdistas», de ir al Ayuntamiento el día del auto para pedir al alcalde que Cándido Piqueras se marchara del pueblo, de intervenir en la detención del mismo y de sumarse a «la manifestación que acompañó al detenido hasta el Cemen-

---

Carrión González, se sabe que testificó en contra de Antonio Verdejo Pérez porque este, en el año 1937 la denunció y fue condenada a 3 meses de prisión, 2 años de libertad vigilada, 5000 pesetas de multa y la incautación de todos sus bienes (AGHD, caja 14699/4, causa 1884, Albacete, pág. 358).
Declaraciones de testigos realizadas el 5 de junio de 1939: Edelmira Pérez González. Otros vecinos que declararon en contra de los y las acusados/as: Narciso Elorriaga, Juan Jiménez Pardo y Emilio Pardo Valiente, Elvira Jiménez, Encarnación Carrión González, Pascuala Pérez González, Roque Navarro y Cecilio Navarro, Jesús Rayado

terio» (Ibid., pág. 183); a Josefa Sáez González, por incitar a su novio, Juan Martínez Pérez, al asesinato de Piqueras (Ibid., pág. 183); a Isabel Herrero Jiménez, por formar parte del grupo que detuvo a la víctima e incitar a otros hombres para que intervinieran en su asesinato (Ibid., pág. 183); a Isabel Pérez García por poner en conocimiento de milicianos la huida de Cándido Piqueras y motivarlos así a que lo mataran (Ibid., pág. 184), y a María Ferrer González por, supuestamente, haber pedido en el Ayuntamiento que expulsaran a Cándido Piqueras del Pueblo, por pertenecer a UGT, por haber estado entre el tumulto de mujeres que había en la plaza cuando Cándido fue apresado y por haber incitado a los hombres a cometer el asesinato (AGHD, caja 14908/3, causa 4053, 1939, Albacete). Así, estas sentencias, son un claro ejemplo de la utilización del arquetipo de Eva para representar a las mujeres y atribuirles esa aún hoy famosa voluntad maléfica y ladina, capaz de convencer y manipular a cualquier hombre inocente, cándido e inofensivo para su propio beneficio, heredera de burdas interpretaciones y traducciones patriarcales del libro del Génesis presente en la Biblia. Y es que resultaba intolerable que las mujeres pudieran expresar públicamente sus ideas políticas, sus opiniones, deseos o su rabia; resultaba inadmisible que las mujeres se comportaran como milicianas, que alzaran su voz y participaran de algún modo visible en aquella guerra o, en definitiva, en la vida pública y era preciso aniquilar ese atisbo de poder para mantener el poder fascista y patriarcal.

El 8 de Mayo de 1940, reunido el Consejo de Guerra Permanente de Albacete, se hizo firme la sentencia de Pena de Muerte para Ángel Viosca Pardo, José Antonio López Peñalver (marido de Isabel López Herrero), Antonio Verdejo Pérez («Mocito»), Josefa Sáez González (AGHD, caja 14699/4, causa 1884, Albacete), el hijo mayor de Claudia Sáez de la Cruz Expósito, José Torres Sáez de la Cruz y para Ramón Cuesta (AGHD, caja 14908/3, causa 4053, 1939, Albacete), por un delito de adhesión a la rebelión con agravantes, codificado por la Ley de Responsabilidad criminal, implicados teóricamente en el asesinato de Cándido Piqueras; mientras que las otras trece mujeres firmaron su sentencia a treinta años de prisión Mayor por la Ley de Responsabilidades Políticas (Ibid., pág.

186-192); treinta años que se vieron reducidos a 28 y 10 meses por la aplicación de la liquidación de condena del tiempo transcurrido entre el día que las encarcelaron (17 de Abril de 1939) y el día en que se hizo firme la sentencia (8 de Junio de 1940) (Ibid., págs. 211- 222). El 9 de mayo de 1941, se le practicó también la liquidación de condena a Isabel Pérez García (Ibid., pág. 210), quedando en libertad. En ese mismo 9 de mayo, pero del año 1939,el hijo mayor de Anita Cabezas Sáez, Juan José Herrero Cabezas, también es condenado a 30 años de reclusión mayor por un delito de adhesión a la rebelión (AGHD, caja 14908/3, causa 4053, 1939, Albacete; AGHD, caja 14699/7, causa 1886, 1939, Albacete).

El 31 de octubre de 1940, a las siete de la mañana, murieron ejecutados por orden del Juez Militar de ejecutorias de Albacete, Ángel, José Antonio y «el Mocito» (Ibid., págs. 196-204); Ramón Cuesta fue asesinado unos meses más tarde, el 23 de noviembre de 1940, sin conseguir el indulto a tiempo, no como José Torres Sáez de la Cruz (AGHD, caja 14908/3, causa 4053, 1939, Albacete); todos ellos fueron ejecutados frente a las tapias del cementerio de Albacete en donde aún se puedan ver las marcas que dejaron las balas que acabaron con sus vidas y con las de otros/as muchos/as.

A Josefa Sáez González («la de Roquete») la Auditoría de Guerra le conmutó la pena de Muerte por la de Prisión Mayor (Ibid., pág. 195). Sin embargo, el 6 de mayo de 1941 fue trasladada de urgencia desde la Prisión Provincial de Albacete al Hospital Provincial de Albacete a causa de una «pleuritis tuberculosa febril», muriendo el 23 de junio de 1941 (Ibid., pág. 279). Este tipo de muertes resultaban relativamente frecuentes entre las presas y presos, dadas las precarias condiciones de salubridad de las cárceles ya comentadas. Muchas enfermaban y carecían de atención médica, por tanto, no existían informes sobre su estado salvo los documentos de traslado a hospitales cuando la situación era ya muy crítica o, en ocasiones, las autopsias realizadas por los médicos forenses, una vez que habían fallecido, bien en la misma cárcel, bien en el hospital. Estas autopsias en muchos casos ocultaban la verdadera causa de la muerte, enmascarando con términos como «hemorragia», «traumatismo cráneo encefálico», «asfixia», «suicidio», etc. lo que se trataba en realidad de asesinatos debido a las torturas, a la falta de asistencia médica o a las pésimas condiciones de vida de las prisiones.

Aparte de Josefa Sáez y de Isabel Pérez García, el resto de las mujeres encausadas, detenidas en la Cárcel de Casas Ibáñez fueron trasladadas a la prisión de Mujeres de Barcelona (o cárcel de Les Corts) en Junio del 1941 (Ibid., pág. 248, 253), en donde algunas permanecieron toda su condena, mientras que otras fueron enviadas desde allí a otras prisiones de la geografía española, sometiéndolas a lo que se conocía como «turismo carcelario» (González Martínez, 2019, pág. 259). Esta cruel herramienta del régimen que consistía en enviar a las reclusas y reclusos a prisiones alejadas de su lugar de origen, lejos de su red afectiva, lo cual servía para empeorar todavía más su situación, pues al no disponer de dicha red de cuidados que les proporcionase algo de comida «extra», ropa limpia, jabón y palabras de aliento, las posibilidades de sobrevivir al presidio, se reducían notablemente. Este traslado de unas cárceles a otras servía también para dificultar la creación de grupos de apoyo intramuros que, además de desalentar la moral de las presas, conseguía, en parte, desarticular las posibles organizaciones que se pudieran crear entre ellas (Ibíd., pág. 259). Por ello, esta práctica se llevaba a cabo sobre todo con las presas políticas, que solían ser las más conflictivas, en cuyos casos, además, se solían elegir como destino las prisiones del norte de España, consideradas las más temidas, por las extremas condiciones de frío y humedad (Ibíd., pág. 259).

Así, más tarde, Obdulia Pérez Fuentes, fue trasladada de la cárcel de Les Corts al Sanatorio Antituberculoso Penitenciario de Mujeres de Segovia desde donde en 1944 se le concedió la libertad condicional por buena conducta, siendo desterrada de Alborea y debiendo fijar su residencia en Casas Ibáñez durante los años siguientes (AGHD, caja 14699/4, causa 1884 (Albacete), pág. 283-284):

> Ella nada más salir de la cárcel tuvo que ir a Casas Ibáñez y entonces allí tenían una familia que conocían de antes, por lo que decía mi abuela

> (…) Ella estuvo en Casas Ibáñez viviendo bastante tiempo (…) Y esa familia que la alojó se portó con mi abuela como… como si fueran sus hermanos, su todo (…) Sólo era un matrimonio, no tenían hijos. Eran amigos de mis abuelos de antes. (N. O., comunicación personal, 2020).

Según Ortiz (2013, pág. 81), la ley de 4 de junio de 1940 otorgaba la libertad condicional a los presos condenados a menos de seis años y un día si habían mostrado buena conducta social, aunque para evitar los partes negativos de los informantes locales se decretó el destierro, es decir, se le enviaba a otra localidad, en la que, si persistía el feedback negativo, se les enviaba a las colonias penitenciarias en régimen de libertad condicional atenuada. En el caso de las personas condenadas a más de veinte años y un día, la libertad condicional llegó en abril del 1943, año en el que se creó el Servicio de Libertad Vigilada con el que el régimen se aseguraba de mantener absolutamente controladas a las personas que liberaba (Ibid., pág. 81). El 16 de abril 1944, Dña. Celia Oarrichena González, directora de la Prisión Central de Mujeres de Santurrarán (País Vasco) concedía también la libertad condicional a Cándida González Pardo, con la diferencia de que ella no tuvo destierro: debiendo volver a su pueblo natal (Alborea) y presentarse periódicamente a la Junta de Libertad Vigilada municipal hasta que se le concediese la libertad definitiva. En los documentos que tenían que presentar mensualmente las recién «liberadas» en los Juzgados correspondientes, debía constar «el jornal o la remuneración señalada a su trabajo, así como las economías y ahorros que haya podido hacer». Además, en el dorso del documento que abalaba su libertad condicional, se les recordaba que debían evitar las malas compañías y todo lo que les condujera a una vida relajada o a la comisión de nuevos delitos (AGHD, caja 14699/4, causa 1884, Albacete, pág. 284). Es decir, tal y como apunta María Llanos Pérez Gómez (2021) a estas mujeres lo que se les tuvo en cuenta a la hora de concederles la libertad fue, sobre todo, su moralidad, porque ésta en un principio no encajaba con los ideales morales de la mujer franquista.

Ya desde Casas Ibáñez, en Julio del 1946, **Obdulia** escribió una carta personal al Capitán General de la 3ª Región de Valencia pidiéndole el indulto total de su condena (Ibid., pág. 291), acogiéndose al Decreto que el Ministerio de Justicia promulgó el 9 de Octubre de 1945 con el fin de continuar el proceso de descongestión de las cárceles españolas que había iniciado en el 1940 con la ley de libertad vigilada ya mencionada y otras[17] que llegaron más tarde, en vista de que la situación era insostenible (González Martínez, 2019, págs. 256-257). Con la llegada de este último decreto en 1945, fue bastante habitual la escritura de estas cartas por parte de las reclusas o de sus familiares o personas cercanas alfabetizadas para pedir a las instituciones judiciales la reducción de la condena (Ibid., pág. 258). Destaca el estilo pomposo y manso de las cartas, destinadas a agradar al juez, mostrándole su absoluta docilidad para tratar de recuperar así la anhelada libertad. Al hilo del indulto tan reclamado en dichas cartas, Ángeles Egido León, citada en el trabajo de Miriam González Martínez, (2019, pág. 259) nos hace ver que este era un símbolo más de sexismo, pues estos se celebraban en procesiones religiosas públicas que servían para, por un lado, humillar de nuevo a la «agraciada» y por otro, mostrar públicamente la clemencia del Caudillo. La institución encargada de decidir definitivamente la conmutación de penas era la Comisión Provincial de Examen de Penas, que dependiendo de cuál fuera su decisión, se la transmitía a la Comisión Central de Penas desde

[17] «El 25 de enero de 1940 se promulgó la Orden Circular que proponía la revisión de penas con el objetivo de, por un lado, lavar la imagen del régimen y, por otro, reducir los gastos económicos que suponía el mantenimiento de tanta población reclusa a la que se destinaban muy pocos recursos (…) El decreto del 5 de abril de 1940 concedía la libertad condicionala los mayores de sesenta años con penas inferiores a veinte años y un díaque hubiesen cumplido una cuarta parte de la pena. La ley del 4 de juliode 1940 otorgaba libertad condicional a aquellos con penas de entre seisy doce años que hubiesen cumplido la mitad de la condena. La ley del 1de octubre de 1940 concedía la libertad condicional a los condenados apenas de hasta doce años y un día, cumplida la mitad. El decreto del 23 denoviembre de 1940 adjudicaba libertad condicional atenuada en el casode que existieran informes negativos sobre los reclusos (González, 2003, p. 160). En 1941 también se promulgó la ley del 1 de abril,que concedía la libertad condicional a aquellos penados con doce años deprisión, aunque esta vez sin necesidad de cumplir un mínimo de la pena. El dieciséis de enero de 1942 la ley concedía la libertad condicional alos penados con condenas de hasta catorce años y ocho meses, de nuevosinque fuera una condición haber cumplido parte de la pena. En 1943 elrégimen levantaría más la mano y concedería la libertad condicional aaquellas mujeres con condenas hasta los veinte años, acogiéndose a la ley del 13 de marzo del mismo año».

donde era enviada al asesor del Ministro del Ejército. Si su decisión era favorable, se comunicaba con la prisión.

Así fue como el fiscal Jurídico Militar de la Auditoría de Guerra de la 3ª Región Militar de Valencia tuvo a bien concederle a Obdulia la exención que le rogó en su carta el 19 de septiembre de 1946. El 7 de Octubre del mismo año se envió la notificación al Juez de Ejecuciones de Albacete para que este contactara con el Juez de Casas Ibáñez y este, a su vez, comunicara a Obdulia que había obtenido, por fin, la libertad (AGHD, caja 14699/4, causa 1884, Albacete, pág. 294-303). Era un 14 de Octubre de 1946, tras siete años de reclusión.

Josefa Sáez González tuvo que esperar un poco más. Se sabe que, en octubre de 1943, la Comisión Central de Examen de Penas resolvió negativamente su primera petición del indulto, manteniéndole la condena de treinta años (Ibid., pág. 282), pero años más tarde lo logró, consiguiendo regresar a Alborea, por fin cerca de su hija y de su marido. En octubre de 1946, envió una nueva petición para la absolución de la pena, acompañada esta vez de un certificado del presidente de la Junta Local de Libertad Vigilada de Alborea, abalando su buena conducta. En 14 de enero del 1947, el Fiscal Jurídico Militar de la 3ª Región Militar de Valencia accedió, haciendo efectiva su libertad a mediados de febrero de ese año (Ibid., pág. 310-318). Habían pasado ocho años desde que fue encarcelada.

De Concha Herrero Fernández se rumoreaba que había sido miliciana en Madrid. Por eso, antes de ser encarcelada el 28 de Julio de 1939 por su supuesta participación en el homicidio de Cándido Piqueras, le fueron incautados todos sus bienes, entre ellos un trozo de tela amarillo que suponían había tenido cosidos a ambos lados un retal de tela morada y otro de tela roja, componiendo la bandera nacional (Ibid., pág. 145, 308-309). Tras el suceso de la muerte de Piqueras, ella, como sus compañeras, fue recluída en la Prisión de Casas Ibáñez y, una vez que se formalizó la sentencia, fue trasladada también a la Prisión Provincial de Mujeres de Barcelona. El 4 de abril 1944 le fue concedida la libertad condicional sin destierro y en enero de 1948 a través, también, de un carta, en la que rogaba le concedieran el indulto del resto de la pena, afirmando que en ese momento tenía dos hijas de 15 y de 11 años, respectivamente, y un marido a los que dedicaba toda su atención, además contaba también que se encontraba en cinta, de cinco meses (Ibid., pág. 319), tratando de demostrar así a la Junta, que en este periodo había sido digna de merecer la libertad que se le había concedido, profesando los valores que promulgaba el régimen (González Martínez, 2019, pág. 262). Gracias, quizá, a este alarde de docilidad femenina, el 2 de Marzo de 1948 el Juzgado Militar de la 3ª Región Militar de Valencia, le otorgó la ansiada libertad, aunque como residía en Madrid debía presentarse a comparecer en el Juzgado de esa Plaza el 11 de Mayo, para declarar su domicilio. Tras ello, era libre. (Ibid., págs. 322-334). Habían pasado nueve años desde su entrada en prisión.

A Ana Cabezas, igualmente, le fue concedida la libertad condicional en Diciembre de 1945 estando en la cárcel de Les Corts, y el 6 de Diciembre de 1948 firmó con su huella dactilar la demanda de indulto, adjuntando también un informe favorable del Juez de Paz de la villa de Alborea, presidente de la Junta Local de Libertad Vigilada de Alborea, en donde reconocía su «buena conducta» (Ibid., pág. 336). En Septiembre de 1948, fue indultada y dos meses más tarde se hizo efectiva su libertad (Ibid., págs. 335-347). Habían transcurrido también nueve años.

Claudia Sáez Expósito consiguió el indulto en la primavera de 1949 (Ibid., págs. 348-350, 352-355), después de atravesar un proceso muy similar al de sus compañeras. Un largo y penoso camino de diez años hasta lograr la amarga libertad.

Y, finalmente, de María Ferrer González no se tiene constancia de cuándo salió de prisión, procedente de la cárcel de mujeres de Barcelona (AGHD, caja 14908/3, causa 4053, 1939, Albacete) ni siquiera sabemos si fue desterrada o regresó al pueblo. No ha quedado rastro de ella.

4.1.3. Condenas basadas en desquites personales: una guerra de clases

Al finalizar la guerra, España ardía de rabia y venganza en cada uno de sus rincones; sobre todo por parte de aquellos que siempre lo tuvieron todo de su lado, los llamados «riquillos de los pueblos». Y es que no podemos olvidar que la guerra civil fue ante todo una guerra de clases. Por ello, con el inicio de la dictadura militar, se instauró también la venganza de las clases altas hacia la clase obrera y cualquier rencilla o desavenencia personal valió de excusa para denunciar conductas «inapropiadas» de cualquiera que fuera o hubiera ido en contra en los ideales del régimen en algún momento. Así, los Tribunales de Responsabilidades Políticas se constituyeron como el perfecto escenario para legitimar este tipo de violencias. Estos estuvieron en activo hasta el 13 de abril de 1945, fecha en la que fueron suprimidos, pues se consideraba «cumplida ya en su esencia la finalidad atribuida a la jurisdicción especial sobre responsabilidades políticas derivadas de la subversión marxista», según cuenta Abad (2009, pág.79).

Ejemplo de esta tecnología represiva existente para ratificar quiénes tenían el poder fueron las causas que llevaron a la cárcel a Victoriana López Martínez, de 27 años, residente en Madrid y natural de Alborea, y a Teodosia Cabero Alonso, de 31 años, residente en Alborea. Ambas, junto a otras mujeres, fueron denunciadas por Evangelina Carrión Arenas y Elvira Jiménez en agosto del 1939 (AGHD, Causa 5044-39, Caja 14993/6, 1939, Albacete) acusadas de haber testificado en contra de Evangelina Carrión durante la guerra, por lo que ésta entró en prisión casi dos años. De la misma manera y aprovechando la coyuntura, Evangelina y Elvira utilizaron las acusaciones características de aquellas que disponían de servicio doméstico: afirmaron que Victoriana había robado en la casa de Julián Carrión (fusilado durante la guerra), que ocupó también la de Elvira Jiménez mientras ella no estaba y la había saqueado y, como remate final, según habían oído rumorearse, dijo de Victoriana que solía ir a la cárcel de Madrid (lugar donde residía) a insultar y apalear a las mujeres de los presos pertenecientes al bando sublevado (Ibid.).

En la declaración de Victoriana esta explica que fue evacuada de Madrid a su pueblo natal, Alborea, donde el Ayuntamiento la alojó en casa de Julián Carrión (fusilado durante la guerra) junto a Victoriana López, quien también había sido hospedada allí también por orden de las autoridades municipales. Estando un día en casa, ellas dos y Genera Cabero Alonso, cuñada de «Teo», descubrieron una carta debajo de una almohada, en el sillón de mimbre que había y, pensando que se trataba de una carta de amor, Victoriana, que no sabía leer, se la dio a Teo para que la descifrara. Cuando ésta la leyó en voz alta, descubrieron que la tal carta dirigida a Evangelina Carrión, hablaba de la caída de Málaga, por lo que, asustadas, se la llevaron a Santiago, el entonces alcalde. Igualmente, Teodosia Cabero Alonso dispone del mismo relato que la anterior, añadiendo que más tarde se enteraron de que habían detenido a Evangelina, a la que afirmaban no conocer (Ibid).

En cualquier caso, sin más pruebas ni testigos, Teodosia y Victoriana fueron llevadas a prisión provisional en Casas Ibáñez en septiembre del 1939, tras la denuncia de Elvira y Evangelina. Teodosia consiguió la prisión atenuada desde diciembre de 1940, pero a Victoriana se la denegaron. En 1942 tiene lugar el juicio sumarísimo en el que Victoriana fue condenada a 12 años de prisión mayor y Teodosia a seis (en régimen de prisión atenuada), por «no estimarlas peligrosas». A pesar de eso, Teodosia estuvo en prisión hasta el 16 de julio de 1943, día en que le fue concedida la libertad condicional y extinguió su condena el 26 de agosto de 1945. Victoriana López Martínez fue indultada el 15 de noviembre de 1947 (Ibid.).

Así mismo, y también desde esta óptica del resarcimiento, tras la guerra, Emiliana Pérez Talavera (45 años), Ramona Mondéjar Soriano (49 años), Querubina Teruel Pardo (44 años), Josefa Martínez Serrano (44 años), Sinforiana Gómez Valero (62 años), Ceferina Pérez Segovia (40 años) y Norberta Torres Costa, alias «la Zulema» (52 años), son también denunciadas por Encarnación, Elvira y algunas otras mujeres, por haber declarado en contra de Encarnación Carrión en el año 1936, y haber favorecido así que ésta fuera a prisión y por «haber influido en sus hombres para que éstos otorgaran clemencia para sus hijos», la mayoría de ellos procedentes también de la familia Carrión, los cuales fueron encarcelados y condenados a muerte tras adherirse a la sublevación militar del 1936. Algunas de ellas son acusadas también de pertenecer a sindicatos como UGT o CNT en los pueblos en los que residían (la mayoría se habían marchado a servir a pueblos de Valencia) de ser «propagandistas de la causa roja», «incitadoras al crimen», «elementos influyentes en la Casa del Pueblo» y por insultar y amenazar a derechistas.

Emilia Pérez Talavera es condenada finalmente a 6 meses y un día de prisión el 26 de enero de 1942, pero llevaba en prisión desde el 12 de marzo de 1940 y estuvo allí hasta que le concedieron el régimen de prisión atenuada el 16 de septiembre de 1941, habiendo «cumplido con exceso la condena», según afirma Vadillo (Web «Víctimas de la Dictadura», 2022).

Ramona Mondéjar Soriano, condenada a 12 años y 1 día de reclusión menor entró en prisión el 27 de febrero de 1940 y allí estuvo hasta conseguir la prisión atenuada en enero del año siguiente, gracias a las declaraciones del cura del pueblo, una familia de falange a cuya sobrina, Ramona había protegido en su casa durante la guerra, y a los partes del médico, que periódicamente certificaban el delicado estado de salud de la mujer, pues esta sufría de un «proceso flojístico neoplástico» que le hacía tener frecuentes e intensas hemorragias, por lo necesitaba reposo absoluto (AGHD, Causa 6081-40, Caja 1508/7, 1939, Albacete).

A Sinforiana Gómez Valero (62 años), Ceferina Pérez Segovia (40 años) y Norberta Torres Costa, alias «la Zulema» (52 años) las juzgan junto a Tomás Martínez Arenas, marido de Ceferina, presidente de la casa del pueblo y concejal del Ayuntamiento durante la República. A ellas las condenan a 6 meses y un día de prisión en Casas Ibáñez. A él, a 12 años y un día, cumpliendo parte de su condena en la prisión de Santa Isabel, en Santiago de Compostela, en donde hizo trabajos forzados para reducir su pena.

Querubina Teruel Pardo y Josefa Martínez Serrano se vieron envueltas directamente en la revuelta que sucedió en la madrugada del 18 al 19 de julio de 1936, en la que se sublevaron algunos hombres del pueblo, en casa de Julián Carrión. Así, en junio de 1939, ellas junto a otros ocho hombres, fueron llevadas a prisión y ese mismo mes, al año siguiente se hizo firme la sentencia de 30 años de reclusión mayor para todos los encausados en ese juicio. Ambas, desde la prisión de Alborea, fueron enviadas a la de Requena y de allí, fueron a la cárcel de mujeres de Barcelona, junto con el grupo de las 14 mujeres condenadas también a 30 años por el caso de Cándido Piqueras. A los varones los enviaron a la cárcel de Santiago de Compostela y después a la prisión de Ocaña; desde allí sabemos que algunos fueron enviados a realizar trabajos forzosos en las minas de Almadén y en el Escorial; algunos fueron también a Valencia. Del final de la condena de ellas no tenemos ninguna información (AGHD, Causa 3530-39, Caja 14873/1, 1939, Albacete).

Producena García Haya (35 años) es denunciada por otro derechista, en este caso, Procopio Pérez Segovia, quien se vengó por haber sido denunciado durante la guerra. Además de esto, le acusan como a las anteriores de propagandista, de pertenecer a UGT, de insultar a otros derechistas y de «inducir a que se cometiesen desmanes». Producena fue condenada a 6 años y un día de reclusión menor; entró en prisión preventiva en septiembre de 1940 y no fue liberada de la cárcel de Valencia hasta julio del 1943, momento en el que se le concedió la libertad condicional, extinguiendo la pena el 20 de febrero de 1946 (AGHD, Causa 6680-40, Caja 15128/10, 1939, Albacete).

Carmen Sáez Monedero (25 años) fue denunciada por Modesto Cabañas Lechón, por Isabel Carrión, por Edelmira Pérez, por Edelmira Giménez Monsalvez y por Amalia González González, por hacer supuestamente requisas en sus casas, en las que ella, en compañía de otras mujeres y hombres pertenecientes a la Casa del Pueblo, solían hacer la matanza. Los denunciantes, afirmaron así mismo que Carmen lideraba un grupo grande de mujeres (entre las que se encontraba la ya mencionada Isabel Teruel) que registraron sus casas y destruyeron algunas imágenes religiosas en el 1936, motivo por el cual, Modesto Cabañas las había echado de casa y fue llevado ante el «Comité Rojo» (Causa 5045, Caja 14994/1, 1939, Albacete, AGHD). En la sentencia, finalmente, se le acusa de pertenecer a la UGT, de ser miliciana armada, de saqueos, de destrucción de imágenes religiosas, de ser una agitadora y de desnudar a mujeres de derechas. Por lo que fue condenada a 20 años y 1 día de reclusión menor. Cabe destacar, que cuando Carmen entró en prisión preventiva en diciembre de 1939 estaba embarazada de 9 meses, dio a luz a su hijo mayor, el cual la acompañó en la cárcel hasta que consiguió la libertad condicional en junio de 1943, que regresó de Saturrarán (Ibid.).

Como podemos ver en las condenas impuestas a estas mujeres, ante actos semejantes, las condenas son de una mayor duración temporal (y las llevan a prisiones más alejadas de su lugar de residencia) cuando en la causa también se ven implicados varones. Detrás de este hecho pensamos que puede estar la lógica del «castigo ejemplar», que sirviera para adoctrinar a las mujeres en el modelo de feminidad propio de los fascismos, en el que se definen claramente cuáles son las conductas socialmente aceptables para cada género y cuáles son reprensibles; en este caso, cualquier conducta que las mujeres realizaran en el terreno público por iniciativa propia, podía ser tachada de disruptiva y denunciable. Por otra parte, hay quien podría decir que esta diferenciación en el grado de severidad de las condenas entre hombres y mujeres, cuando son juzgados de forma conjunta o de forma separada podría deberse a un sexismo benevolente que, igualmente, está basado en la consideración de la mujer como un objeto político, con capacidades mentales inferiores a los hombres (Vallejo y Martínez, 1939, págs. 398-399, citado en Bosch y otros, 2008, pág. 38) por lo que las eximía de ciertas responsabilidades y las obligaba a otras.

4.1.4. La encausada por pertenecer al Socorro Rojo

Presentación Grimal Biosca (21 años) vivía en Benimaclet (Valencia). Es acusada por otras vecinas de Alborea de haber sido vista allí, en su lugar de residencia, vestida con el uniforme azul de miliciana, llevando pistola. Durante la guerra, regresó un tiempo a Alborea, donde nació. Allí se unió al comité de UGT y al Socorro Rojo junto a otras muchachas, como Isabel Teruel, Mercedes la de la Manueleta, Isabel la de Perfecto, Encarnación la de Emilia, Enriqueta la de la Claudia o Josefa la del Torrao; la mayoría de ellas ya no residían en el pueblo, pero al regresar durante la guerra se dedicaron a recaudar donativos para apoyar a las milicias en el frente (AGHD, Causa 7943, Caja 15227/5, 1939, Albacete). En su declaración, se nombra abiertamente de izquierdas, pero niega haber cometido cualquier hecho delictivo. Tras la denuncia interpuesta contra ella en agosto del 1939 y a pesar de los informes de buena conducta emitidos tanto por el alcalde de Alborea, como por el juez militar, así como por el alcalde y el juez militar de Alfafar (municipio valenciano en el que había vivido con anterioridad) fue condenada a 6 años de reclusión menor. En noviembre de ese mismo año consigue la prisión atenuada; el 17 de junio de 1943 extinguió su condena (Ibid.).

4.1.5. Las encausadas por denunciar públicamente torturas en las cárceles franquistas

Águeda Serrano Sáez (33 años), Mª Josefa Núñez Torres (32 años) y Ana González Pérez (33 años) fueron condenadas por decirle a una amiga que, a sus maridos, arrestados en la cárcel de la Roda, les habían pegado. Mª Josefa recibió una carta de su marido avisándole de que habían sido trasladados de la cárcel de Casas Ibáñez a la cárcel de La Roda, diciéndole que allí no tenían frío pues los habían recibido de caliente y dormían sin camisa (AGHD, Causa 8054, Caja 15235/12, 1941, Albacete). Cuando su esposa leyó esto se dio cuenta de lo que en realidad le estaba queriendo decir y debió poner el grito en el cielo, estando delante Ana González (alias Anita) que, fue directa a denunciarla a la guardia civil. Finalmente, tal y como la sentencia afirma, debido a la «poca trascendencia de los hechos cometidos», M.ª Josefa fue condenada a 2 años de prisión menor; en el caso de Águeda, también presente en la conversación, a 1 año; y Ana también se llevó su parte: 6 meses y un día. Todas ellas entraron en prisión en febrero de 1941, cumpliendo condena con exceso en el caso de las dos últimas. Y M.ª Josefa cumplió también casi por completo pena, saliendo de prisión el 14 de marzo de 1943. (Ibid.).

En febrero de 1940, Agustín Segovia Santos denunció a Emilia López Martínez (40 años) por «hablar en el portal de su casa de que habían maltratado a su hermano Pepe en la cárcel» y decir que como esto cambiara lo pagarían con creces, porque ya les quedaba poco que mandar a estos criminales (AGHD, Causa 6678, Caja 15128/8, 1940, Albacete).

Ella declara que el denunciante busca esa excusa para acusarla porque los hijos de ambos están enfrentados y es su manera de vengarse. Además, Emilia adjunta informes tanto del cura de Alborea, como de Falange y de otros vecinos, acerca de su buena conducta y de la actitud siempre beligerante y no respetuosa del denunciante con otros vecinos. Con todo, es condenada a 3 años de prisión menor. Estuvo en prisión atenuada hasta que dio a luz en la Casa de la Maternidad de Albacete el 8 de abril de 1942 a su hijo, tras lo que ingresó en la prisión provincial de Albacete. No hay datos de su liberación.

Resulta curioso que a pesar de la «poca peligrosidad de los hechos cometidos» muchas de estas mujeres fuera condenadas, pero el contenido de los comentarios en un caso hechos sin pensar, y en otro, tergiversado, resultaba ser un material peligroso para el franquismo: denunciar las torturas que los maridos de estas mujeres les estaban haciendo en la cárcel suponía, por un lado, significarse como esposas de un «rojo», lo cual, a vista de cualquier falangista ya resultaba ser un hecho reprobable; y más peligroso todavía resultaba que esas mujeres osaran criticar, públicamente, cualquier acto del régimen, pues su rol en la sociedad estaba claro: «oir, ver y callar».

4.1.6. La maestra depurada

Hasta ahora, todas las mujeres mencionadas trabajaban como sirvientas, lavanderas, labradoras, enjalbegadoras, etc., trabajos soterrados bajo el enunciado de «sus labores» o «los propios a de sexo», que las invisibilizaban como obreras. Sin embargo, no todas las represaliadas del municipio tenían trabajos no cualificados: Octavia Monteagudo Atiénzar, maestra de la escuela de niñas, fue depurada en el año 1939 debido a su «pertenencia a las milicias de la Cultura» (Sección Educación, leg. 64752. AHPA, citado en Gallego, 2017). Esto significó su suspensión de empleo y sueldo e inhabilitación para ejercer cargos directivos e institucionales en la cultura y la enseñanza durante cinco años, teniendo irse de la provincia de Albacete (Ibid.). A diferencia de ella, Francisca Sánchez Pérez (profesora de párvulos), y Consuelo Padra Maza (maestra de la escuela de niñas) se libraron de la purga gracias al aval que consiguieron de la delegación Local de la Sección Femenina (Sección Educación, leg. 64891, AHPA, ibid.).

Fotografía 1. Escuela de niñas en 1936, siendo la maestra Consuelo Prada Maza. Fotografía extraída del libro "Alborea. Páginas de nuestra vida", editado por la Concejalía de Cultura y el Ayuntamiento de Alborea, 2001.

4.2. Posmemorias

Después de acercarnos a los, probablemente, peores años de la vida de estas mujeres a través de los documentos elaborados por el régimen que dan cuenta de los itinerarios del horror de la represión, es fundamental mirar hacia las consecuencias pasadas y actuales de dicha maquinaria fascista. Para lo cual resulta imprescindible, desde una perspectiva feminista, trabajar con las «posmemorias» (Hirsch, 2015, pág. 17); estas son los relatos que poseen los/as descendientes de las víctimas de la represión franquista sobre la misma, y que inevitablemente, están atravesados por la experiencia vital de quien los ha recibido y por los/as mediadores del proceso de transmisión (Ibid. pág.19).

A partir de las entrevistas realizadas a la nieta mayor de Obdulia Pérez Fuentes y al hijo de Carmen Sáez Monedero y nieto, a su vez, de

Prudencia Monedero Serrano, se ha sabido parcialmente algunas de las consecuencias de esos años de prisión y destierro.

Cabe destacar que ambos relatos están marcados de principio a fin por el silencio en el que, a veces, la emoción guardada durante años, emerge para sustituir lo que no se dijo generaciones atrás. En esos vacíos se abre, entonces, el poder transformador de la memoria, en tanto que ofrece una oportunidad de leer entre líneas, recapacitar y hacernos preguntas que se quedan colgadas de la conciencia de quien se asoma a donde nadie nunca estuvo antes, ya de forma permanente: ¿no es llamativo el contraste entre la verborrea y palabrería que rezuman acusaciones de las denunciantes y el mutismo con el que vivieron en adelante las acusadas. ¿Hasta dónde llegan las raíces del miedo? ¿Qué implica que hoy sigamos silenciadas?

Esas cuestiones iluminan los vacíos de los relatos que no se transmitieron, condenándolos al olvido y dejando atrás la Historia sesgada de un pueblo. Estos espacios en blanco o puntos suspensivos fueron empleados como mecanismo de autoprotección y de protección familiar. Así, entendemos que la mayoría de las mujeres callaron tal vez porque, tal y como les sucede a muchas/os supervivientes de experiencias traumáticas, sintieron que era imposible explicar con palabras la monstruosidad de ciertas experiencias que se hacen inexplicables e incomprensibles para quien no las ha vivido (Le Breton, 2001, pág. 82) lo cual sumerge a la/el superviviente en una cierta sensación de aislamiento y soledad perpetua. Por otro lado, además, existió un deseo de proteger del posible sufrimiento que causaría ese relato a sus familias, evitando generar así sentimientos de culpa, vergüenza y conductas subversivas (de ira o venganza) para el régimen, potencialmente peligrosas en el contexto rural en el que vivían.

De esta manera, las entrevistas pretenden esclarecer la parte de la historia no contada que quedó en la intimidad, cuando quedó; y funcionan también como espacios de pensamiento, reelaboración y transformación de la memoria colectiva, que ponen en el centro el vínculo humano como conector temporal («pos») (Hirsch, 2015, pág. 18) de lo vivido en el pasado («memoria»).

4.2.1. La nieta de Obdulia: madres, hijas, esposas, hermanas…

Tras la primera toma de contacto vía telefónica con nuestra primera informante, se elaboró un guión de entrevista que partiera de recuerdos agradables y superficiales, de su niñez y de los momentos compartidos con su abuela, de anécdotas infantiles que le recordaran de ella, etc. con el objetivo de propiciar un clima agradable de confianza (Bertaux, 2005) e ir introduciéndonos lentamente en su pasado.

> E: ¿Qué recuerdos tienes de cuando eras pequeña con tu abuela?
>
> N. O.: Los recuerdos de ella son buenísimos, con nosotros a todos sitios. Ella se quedó con ganas de tener más hijos porque tuvo a mi madre y el que tuvo anterior, se le murió recién nacido, que era un chico... Y como nos criamos con ellos, es como si hubieran sido mis padres... Nacimos allí. Somos seis hermanos. Dos cunas tenía mi madre y dos cunas tenía mi abuela, porque nos llevamos un años los cuatro primeros. Entonces, con mi abuela hemos ido a todos sitios. Mi abuelo es como si hubiera sido nuestro padre […] Nos llevaba a todos sitios. Siempre iba con los cuatro. Y a mi abuela nunca la veías enfadada, nunca, jamás. Yo no la he visto que se enfade ni con mi madre, ni con mi abuelo. Si hemos vivido todos allí, con mis padres.
>
> E: ¿Y qué cosas hacías con tu abuela?
>
> N. O.: Nos enseñaba hacer punto y a hacer esto... [señala un «pañito», Ilustración]. Esto se lo enseñaron allí [refiriéndose a la cárcel]. Bueno y tenemos muchísimas cosas de «pañitos» y de cosas... (se va a por cosas para enseñarme cosas que había hecho su abuela). Ella me enseñó a hacer de todo: punto, jersey, ganchillo, de todo. Además, lo tiene escrito... Todo eso lo tengo guardado. A ella, allí [en la cárcel], se lo escribían con unas notas para que ella supiera lo que era cada cosa, pues las monjas les hacían como un cuaderno, y allí les ponían cómo lo tenían que ir trabajando.(N. O., comunicación personal, 2020).

Durante la estancia de Obdulia y las demás en la cárcel de Les Corts, también conocida como la prisión provincial de Mujeres de Barcelona, dirigida por señor García Ocaña y Martín y sor Felipa García Sánchez, su rutina se regía por una dura disciplina religiosa mantenida por las Hijas

Ilustración 2. Labor realizada por Obdulia Pérez Fuentes en la cárcel de Les Corts (Barcelona). Fuente: Fondo de objetos personales de su nieta

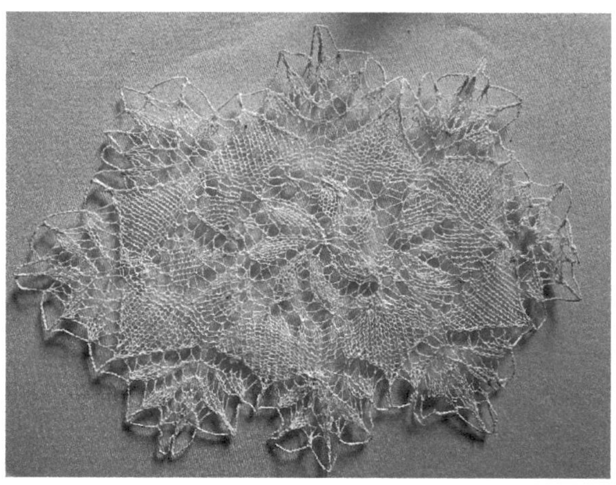

Ilustración 3. Labor realizada por Obdulia Pérez Fuentes en la cárcel de Les Corts (Barcelona). Fuente: Fondo de objetos personales de su nieta

de la Caridad de San Vicente de Paúl, un control estricto de (casi) todo cuanto allí acontecía y duras jornadas de trabajo (Vinyes, 2002, págs. 133-134). En esa cárcel, el poco dinero que circulaba procedía de la ocupación en el huerto o en diferentes labores de costura, las cuales servían para obtener unos mínimos ingresos con los que muchas sobrevivían o facilitaban la supervivencia a sus familias que padecían fuera los males de la posguerra del lado republicano (Ibid., pág. 146). En cualquier rincón de aquella prisión podía verse a mujeres tejiendo, cosiendo, bordando o tricotando; las labores, una vez terminadas, eran entregadas a las monjas, las cuales vendían las prendas y mantelerías entre su exquisita red de contactos, y de la cual obtenían una cantidad de dinero infinitamente mayor al que entregaban a las presas por la tarea; precio que estas jamás conocían (Ibid., pág. 147-148).

> Mi abuela no escribía mucho, no aprendió mucho a escribir. -Eso es lo único que le faltó-, le decía, -que les hubieran enseñado a escribir y a leer-. Pero sí que aprendió allí muchas cosas. Ella allí trabajó mucho y hacían cosas que las monjas luego pudieran vender... o repartir a la gente. Yo nunca la oí decir nada malo de sus años de la cárcel. (N. O., comunicación personal, 2020)

Obdulia no llegó a aprender a leer ni a escribir en la cárcel de Les Corts, tal y como nos contaba su nieta, sin embargo el gran éxito del que presumían sor Felipa y el padre Corts en la prisión era su escuela, que constaba de tres grados: preparatorio, elemental y superior en el que tres maestras encarceladas, una monja y el capellán impartían las asignaturas de religión, lectura, escritura, gramática, aritmética, geometría, historia de España, ciencias, higiene y economía doméstica, todas ellas, claro, bajo la atenta supervisión de las religiosas (Vinyes, 2002, pág. 135). A pesar de esas carencias, Obdulia «nuca se quejó, nunca habló de nada de eso; ella sólo tenía buen recuerdo (…) lo único que sí que le dolió fueron los cinco años que no había estado con su hija» (Ibid.).

Obdulia estuvo cinco años alejada de su hija. Su marido se ocupó de criarla junto a una familia de Zulema, que se hacía cargo de la niña mientras él iba con el ganado. El dolor que esto le provocó hizo que quisiera enterrar aquellos años y todo lo que los rodeaba: «Ellos no querían nunca sacar ese tema. Mi abuela eso lo dejó olvidado. A nosotros no nos ha metido nunca en la cabeza ninguna cosa … no, no, no, ella eso, era como si lo hubiera olvidado» (Ibid.). Sin embargo, a pesar del silencio de Obdulia, el relato de aquellos años de ausencia forzosa nunca se llegó a olvidar y le fue transmitido a nuestra informante desde niña. Y en la narrativa que había recibido siempre, se repetían las mismas palabras:

> Ella decía «yo no me metí con nadie, yo no dije nada… yo estaba en mi

> casa con mi hija y mi marido… si yo... nunca, nunca, nunca...» (…) «Yo iba a por agua a la fuente y allí me cogieron, me llevaron y ya está». Y ya no decía más. (Ibid.)

N. O. cree que fue su hermano Antonio, que sí estaba metido en política, el responsable de que se la llevaran a ella, porque todo lo demás era mentira, según decía N. O., que le había dicho su abuela:

> A ella la cogieron, pero fue por mi tío, porque mi tío sí que estaba con todos los comunistas. Y él se fue exiliado y a ella la catalogaron de lo que no era. Su versión siempre ha sido la misma: «yo fui a por un cántaro de agua a la fuente y me cogieron y me llevaron y ya nunca más...». Y ella no tenía ideas... Yo te digo que mi tío sí, mi tío sí. Pero [sobre Cándido Piqueras] Yo de eso no quiero hablar, ¿sabes? Yo de mi abuela te cuento... Pero hablar de gente no. (Ibid.).

Las palabras de N. O. resultaron reveladoras y demuestran, una vez más, que el relato que ha pervivido en el imaginario colectivo del pueblo, porque el régimen así lo quiso, dista mucho de la realidad. Todavía hoy no sabemos bien qué sucedió realmente la tarde del 18 de febrero de 1937. Lo que está claro es que el discurso que implantó el régimen ha sido el que ha llegado hasta nuestros días, y el relato de N. O. esconde una verdad que todavía hoy teme ser contada.

Pero más allá de quién y por qué lapidara a Cándido Piqueras, el testimonio de la informante junto a lo que se ha podido averiguar consultando la documentación del Archivo, nos ha hecho pensar que, probablemente la causa del encarcelamiento de aquellas mujeres estuviera relacionada con que muchas de ellas eran, efectivamente, las madres de los jóvenes nacidos entre 1915 y 1918, reclutados[18] por el ejército republicano durante 1936, 1937 o 1938 para ir a la guerra, tal y como se puede obser-

---

[18] Las listas rectificadas de alistamiento que consultamos de los años 1936, 1937 y 1938, aparecía: «listas de alistamiento de todos los mozos que han cumplido o cumplirán veintiún años desde el día primero de enero al 31 de diciembre del año actual, así como de los que excediendo de dicha edad, sin haber cumplido los treinta y nueve en el referido 31 de diciembre, dejaron de ser incluidos en los alistamientos anteriores, formando con arreglo a lo que preceptúa el artículo 94 del Reglamento de Reclutamiento y Reemplazo».

var en los árboles genealógicos adjuntos en el Anexo I; además, algunas de ellas eran hermanas y esposas de cargos públicos del Ayuntamiento durante la República, de la Casa del Pueblo y de hombres abiertamente comunistas. Todo esto apunta a que, quizá, este fue un caso más de todos aquellos en los que madres, hijas, hermanas, esposas, tías, suegras, etc. pagaron la implicación política de sus familiares varones con un pedazo de su vida, o con la vida entera. Con todo, no podemos estar seguras de estas conjeturas porque, (y he aquí lo preocupante) el fascismo en España consiguió su propósito: exterminar la memoria de las personas que defendieron la democracia a través del miedo y la ignorancia.

Nada se supo tampoco de la relación que tuvieron Obdulia y las demás en la cárcel y si luego esa relación se mantuvo en el pueblo, con las que volvieron; N. O. hablaba de que su abuela se juntaba con sus vecinas de siempre, a las que quería como si fueran su propia familia, pero que ellas no eran de las que estuvieron con ella en prisión. De aquellas, nada se supo.

Sin duda, el derecho al olvido de Obdulia fue respetado por su familia. Y de aquella época de su vida tan sólo quedaron, aparentemente, sus labores y la gran amistad que mantuvieron con la familia que la acogió en Casas Ibáñez, durante su destierro, con quienes continuaron una estrecha relación hasta que el matrimonio murió. Al fin y al cabo,

> Ella no hablaba y nosotros no tuvimos gana de preguntar. Ella nunca se quejó y ¿para qué vamos a estar...? Si ella estaba feliz no íbamos nosotros a empezar a preguntarle... no... Ella no quería hablar de eso (…) Yo, a veces, digo: «a lo mejor tanto callar tampoco era bueno...» [se queda pensativa]. Porque a veces hablarlo habría sido mejor, pero mi abuela no quería hablar y nosotros no íbamos a preguntar. (Ibid).

Y así fue cómo ese silencio que, aparentemente, había condenado al olvido la historia de su abuela y de las otras mujeres encarceladas llegó hasta su nieta y cómo ella entendió que ese tema era mejor no tocarlo, y de esta forma también lo ha transmitido a sus hijos:

> Ellos saben que la abuela estuvo en la cárcel… eso, sí... Pero nada más. No lo hemos hablado nunca... [silencio]. Y no, yo con mis hijos, jamás

> (…) A veces ha salido el tema... Y mi hija algunas veces hablaba algo, pero como nosotros no lo hablábamos y como cuando hemos hablado de eso siempre ha sido bueno, pues no lo hemos tocado. Como ella no quería hablar, nosotros no hemos hablado. (Ibid).

Sin embargo, aunque la historia de la abuela estuviese aparentemente enterrada, según se iba avanzando en la conversación, N. O. manifestaba un deseo latente de saber que probablemente tuvo que domesticar a lo largo del tiempo:

> A mí me gustaría saber por qué se la llevaron... ¿Por qué?... Ese por qué sí me gustaría saberlo ahora que ellos ya no están, pero claro, ya... ¿de qué sirve? Hubiera servido cuando ella vino, que nosotros hubiéramos sido mayores y poder haber averiguado cosas... pero... ¿a quién le preguntas? y ¿cómo? porque mucha gente no dice la verdad. Nadie dice la verdad. (Ibid.).

Tony Judt (citado en Ortiz, 2013, pág. 15), decía que «el verdadero problema es que cuando una comunidad habla de contar la verdad no solo pretende maximizar con su versión su propio sufrimiento, sino que a la vez minimiza implícitamente el sufrimiento de otros». La «verdad oficial», la que durante cuarenta años se encargó de contar el régimen, no correspondía con la verdad que a duras penas conocía N. O. sobre su abuela. Ni con la que ha perdurado y que a día de hoy sigue siendo motivo de conflicto social porque una gran parte de la sociedad tuvo que callar para poder seguir viviendo en aquel lugar:

> La gente no quiere hablar de estos temas no ves que es un pueblo muy pequeño... Es que somos muy pocos vecinos, entonces el que tú vayas a alguien y le preguntes... Si tú vas y preguntas a las personas mayores, yo te digo que luego viene lío. (…) Porque al que hable, lo lapidan. Te lo digo porque no puedes decir una palabra más alta que otra, porque enseguida te dicen «es que claro...a saber lo que has dicho o lo que has hecho»... (Ibid.).

Observando el discurso de N. O., junto con la falta de colaboración que mostró el ayuntamiento a lo largo de toda la investigación, se puede afirmar que la represión que sufrieron muchas familias en Alborea durante la Guerra y la posguerra supone aún problema sistémico en el que toda la comunidad está atravesada. Un conflicto social vigente cuyos responsables directos siguen queriendo justificar aquel tiempo en el que no existieron los derechos y libertades políticas, sindicales, sexuales o religiosas; en el que la censura limitaba los medios de comunicación y la cultura, en el que se militarizó la justicia... (Ortiz, 2013, pág. 19) y, en definitiva, un tiempo de silencio y falta de libertad, que sirvió para romper los lazos sociales entre vecinos que ya sólo podían luchar por «sobrevivir, lamentarse y olvidar» (Alía y otros, 2017, pág. 226).

4.2.2. El hijo de Carmen y nieto de Prudencia: «la tragedia familiar»

El contacto con nuestro segundo y último informante estuvo de la misma forma mediatizado por ese oscurantismo que sigue situando a la sociedad española entre el impulso del querer hablar y el miedo a las consecuencias.

Cuando contacté vía telefónica conel Hijo de Carmen y nieto de Prudencia, de ahora en adelante «H.C2), y tras exponerle los motivos de mi llamada, un torrente de emoción brotó de su voz para decirme que «aquello fue una tragedia» (H. C., comunicación personal, 2022).

En ese primer contacto acordamos vernos una semana más tarde en Alborea, para hacer una entrevista en profundidad sobre la vida de su madre y de su abuela, pero cuando nos íbamos a ver, hubo cambio de planes; H. C. había hablado con su hermano mayor y este no quería «remover el pasado» (Ibid.). Aun así, la amabilidad y el deseo de justicia de nuestro informante hicieron que respondiera algunas preguntas sobre la vida de su madre y de su abuela que aportaron destellos de realidad en medio de las tinieblas.

Prudencia Monedero Serrano tenía 55 años cuando fue juzgada junto a las otras catorce mujeres de la causa 1884 (1939, AGHD) al relacionarla presuntamente con la muerte de Cándido Piqueras. Ni su nieto, H. C., ni la madre de este, tuvieron una buena relación con ella y apenas sabían que había estado en prisión por el asesinato de Cándido Piqueras. Sin embargo, a pesar de lo que se pudiera pensar, a H.C. siempre le transmi-

Fotografía 2. Foto de boda de Carmen Sáez Monedero y Antonio Pérez Martínez en el año 1936. Recuperada del libro "Páginas de nuestra vida" editado por la Universidad Popular y la Concejalía de Cultura de Alborea (2001).

tieron que aquel hombre «no se metía con nadie y había sido bueno».

En el mismo año que encarcelaron a Prudencia también encausaron a sus dos hijos mayores, Blas[19] y Carmen. Entonces, Blas tenía 26 años; Carmen 24[20], y hacía apenas tres que se había casado con Antonio Pérez Martínez, y estaban esperando su primer hijo.

H. C. me contaba que su familia siempre fue pobre pero honrada: «mis padres cuando se casaron solo tenían dos sillas y una sartén». Carmen se dedicaba a lavar, a enjalbegar las casas y a hacer las matanzas «a los riquillos del pueblo»: «menos labrar, mi madre hizo de todo» (Ibid.); mientras que Antonio era «matarife» y labrador, y se había quedado cojo por un tiro en la pierna mientras estuvo en el frente, durante la guerra.

Según me contaba H. C., él había oído decir que a su madre la acusaron de miliciana y de quemar a los santos (tal y como efectivamente aparece en el juicio sumarísimo), pero que eso era mentira. La verdad –decía- es que el 14 de diciembre de 1936 hubo una protesta en el pueblo en la que las mujeres se echaron a la calle y fueron casa por casa pidiendo para que sus hijos/as pudieran comer (Ibid.). Carmen, se unió a ellas

[19] Sumario 4486, caja 14944, 1939, Albacete, AGHD.

[20] Causa 5045, Caja 14994/1, 1939, Albacete, AGHD

en esta petición. Y fue por eso por lo que algunas de esas personas[21] la denunciaron, acusándola de «miliciana», de «saqueos», «registros» y «mítines», así como de «quemar imágenes religiosas».

Carmen entró en la prisión de Casas Ibáñez embarazada de nueve meses, tal y como afirmaba H. C. y consta también en su expediente, mediante el informe emitido por el médico de la cárcel el 2 de diciembre de 1939. El hermano mayor de H. C. nació el día de la lotería nacional de navidad, el 22 de diciembre de 1939. Desde entonces, el niño estuvo viviendo en casa de unos conocidos en Casas Ibáñez, para que lo pudieran llevar cada día a la cárcel a que su madre lo amamantara.

En marzo de 1942 y tras el juicio sumarísimo en el que condenaron a Carmen a 20 años de prisión menor, se la llevaron a la cárcel de Saturrarán. El 10 de junio de 1943, tras conseguir la libertad condicional, regresó a Alborea, en donde, por suerte, mantuvo su casa y no le quitaron nada más que aquellos años.

Aquella «tragedia familiar», que decía su hijo, generó un daño profundo en ella que la acompañó de por vida:

> Yo sabía que estaba mal porque a veces la veía llorar (…) Esos años debieron ser muy malos para mi madre porque lo llevaba todo dentro y padecía, padecía mucho (…) Muchas noches no podía dormir porque tenía pesadillas y decía en sueños: «Señor mío, que yo no he hecho nada».

Quizá fue precisamente ese inmenso sufrimiento lo que hizo que jamás hablara de lo que vivió esos años en la cárcel; no al menos con nuestro informante. Como si al recubrir aquella historia con una manta de silencio, pudiera impedir que el dolor que contenía contaminara también a sus hijos.

Sin embargo, el silencio de Carmen no sólo sirvió para proteger a su familia del daño, sino que también lo utilizó como mecanismo de resistencia al negarles la palabra y su mano de obra a pesar de la necesidad,

[21] Tal y como aparece en el juicio, fueron Edelmira Pérez, Modesto Cabañas Lechón, Isabel Carrión González, Elvira Jiménez y Amalia González González (Causa 5045, Caja 14994/1, 1939, Albacete, AGHD).

durante el resto de su vida a aquellas que la habían denunciado y por las que fue a prisión. De esta forma, Carmen utilizó su silencio para hacer oír sus derechos, rechazando conceder a esas mujeres cualquier palabra que pudiese legitimar lo que hicieron, digno de censura (Le Breton, 2001, pág. 62). Esta era la única manera que le quedaba de replicar su agonía, convirtiendo esta negativa a dirigirse a ellas en «el arma de los pobres» (Ibid.): «Yo me siento orgulloso de mis padres (…) y nosotros nunca pasamos hambre» (H. C. comunicación personal, 2022).

Por estos motivos, que están relacionados directamente con las reducidas posibilidades que tenían H. C. y sus hermanos/as de encontrar trabajo en Alborea, es por lo que en los años sesenta la familia Pérez Sáez vendió la casa y se marchó de allí para no volver en mucho tiempo. Las hijas de Carmen se fueron a servir a Xátiva (Valencia) y a Barcelona (H. C. comunicación personal, 2022), como habían hecho la mayoría de las mozas de Alborea durante décadas. El hermano mayor de H. C. se fue a trabajar a Madrid y H. C. se fue a Valencia (Ibid.).

Muchos años más tarde, las hermanas de H. C. regresaron a La Manchuela y él regresó al mismo Alborea (Ibid.). Volver es sinónimo de «reanudar», «retomar», «reemprender», «reiterar» y «repetir»; también de «invertir», «girar», «virar» y «voltear» y, por último, es sinónimo de «transformarse», «convertirse» y de «renovarse». Me quedan muchas preguntas por hacerle a H. C. que intuyo no van a ser respondidas jamás, pero entre todas, hay dos que escucho por encima de las otras: ¿para qué regresar? Y ¿a qué hay que renunciar para poder volver?

5. CONCLUSIONES:

> «Lo peor de la experiencia de lo indecible sería que un día se impusiese el olvido o la indiferencia: dos formas radicales de descalificación del significado» (Le Breton, 2001, pág. 85).

Si hay un eje vertebrador de este trabajo diría que este es sin duda el silencio; silencio como mecanismo de opresión y resistencia y como vehículo de transmisión del daño, que ha incidido de una manera más cruel en las mujeres y cuyas consecuencias continúan perpetuando el patriarcado, generando desigualdad y violencia para las mujeres y personas disidentes de la heteronormatividad blanca hegemónica, de ahí que sea central el papel de las posmemorias, o sea, el relato de las/os descendientes, los objetos, las cartas y los saberes, como mecanismo de aprendizaje, subversión y rebeldía frente al poder autárquico del fascismo.

5.1. Políticas del silencio

La pésima gestión que se ha hecho de la memoria de este periodo por parte de las administraciones públicas, desde la época de la transición democrática hasta los últimos años, ha generado que ese mutismo, producto del miedo, haya seguido permeando el presente a través de los vínculos familiares y el tejido social de los pueblos. Como resultado, tenemos unas generaciones presentes (hijos/as, nietos/as y bisnietos/as), con

Fotografía 3. Lápida en memoria de Cándido Piqueras. Foto enviada por el Concejal de Cultura del Ayuntamiento de Alborea, Sinforiano González Lozano.

carencias importantísimas en el conocimiento de nuestro pasado inmediato (Ortiz, 2013, pág. 22); apenas se sabe nada de la tecnología represiva del régimen franquista al que, sorprendentemente, cada vez más gente lo evoca con cierta nostalgia. Que dicha tecnología siga haciéndose presente de manera impune en las calles de Alborea y de tantos otros pueblos, a través de vestigios que reconocen el valor de unas muertes por encima de otras (Fotografía 3 y 4) o a través de actitudes por parte de las municipalidades que limitan la libertad de sus vecinas/os y de cualquier persona que quiera conocer su historia, burlando las leyes[22] anteriores

[22] Además de vulnerar el artículo 22 de la Ley de Memoria Histórica como se mencionó en el apartado de Metodología, se considera que se vulneró el Art. 15 de la antigua Ley de Memoria Histórica, que dice lo siguiente:

1. Las Administraciones públicas, en el ejercicio de sus competencias, tomarán las medidas oportunas para la retirada de escudos, insignias, placas y otros objetos o menciones conmemorativas de exaltación, personal o colectiva, de la sublevación militar, de la Guerra Civil y de la represión de la Dictadura. Entre estas medidas podrá incluirse la retirada de subvenciones o ayudas públicas.

2. Lo previsto en el apartado anterior no será de aplicación cuando las menciones sean de estricto recuerdo privado, sin exaltación de los enfrentados, o cuando concurran razones artísticas, arquitectónicas o artístico-religiosas protegidas por la ley.

3. El Gobierno colaborará con las Comunidades Autónomas y las Entidades Locales en la elaboración de un catálogo de vestigios relativos a la Guerra Civil y la Dictadura a los efectos previstos en el apartado anterior.

y actuales de Memoria Democrática, evidencia un serio problema en materia de la gestión pública de nuestro pasado más inmediato, que continúa provocando el desarme de la fuerza social y el desgaste de una gran parte de la población.

Fotografía 4. Lápida en memoria de Cándido Piqueras. Foto enviada por el Concejal de Cultura del Ayuntamiento de Alborea, Sinforiano González Lozano. En la inscripción se lee: «Aquí fue brutalmente asesinado Cándido Piqueras Pardo el 18 de febrero de 1937, a sus 34 años».

Mientras que los manuales de Historia de las escuelas e institutos sigan pasando de puntillas por la Historia Contemporánea de España y haya gente en puestos de responsabilidad pública que consideren que «el pasado es mejor dejarlo como está»; mientras que en las zonas rurales, la gente siga teniendo miedo a preguntar por su genealogía, nuestra sociedad desmemoriada continuará afincada en una verdad hegemónica, cuyos patrones patriarcales y totalitarios, seguirán sin dar espacio a la diversidad, a las minorías y, por supuesto, a la igualdad, porque:

La memoria es tanto individual como social, corporeizada y mediatizada, compartida y reñida. La memoria es una práctica y un acto. Se trata del pasado, pero existe en el presente y mira hacia el futuro. Las memorias son plurales y crean, potencialmente, espacio para las historias y las experiencias de las minorías sociales, aun cuando esos recuerdos desafían las versiones hegemónicas del pasado (Hirsch, «Los usos y abusos de la memoria», 2020).

4. Las Administraciones públicas podrán retirar subvenciones o ayudas a los propietarios privados que no actúen del modo previsto en el apartado 1 de este artículo.

Por tanto, las políticas del silencio no sólo favorecen la transmisión del sufrimiento intrafamiliar, a través de la «conspiración del silencio», del que hemos visto ejemplos, sino que favorecen también la transmisión y mantenimiento del daño colectivo que nos interpela especialmente a las mujeres, en tanto que perpetúa las violencias machistas, privatizándolas e invisibilizándolas y nos amputa nuestra genealogía, como estrategia de desarme feminista y de reafirmación patriarcal. Además, otra manifestación actual de ese trauma colectivo es el desarraigo por parte de las/os descendientes de represaliados migrantes que se encuentra relacionado directamente con la despolitización social.

5.2. La violencia patriarcal de la represión: corporalidad de las posmemorias

Uno de los propósitos fundamentales de esta investigación era estudiar el contenido de las posmemorias que tenían las informantes acerca de sus madres y abuelas en lo relativo a las memorias del daño relacionadas con las violencias machistas que pudieron sufrir «por mujeres y por rojas», y las consecuencias que estas tuvieron en la reconstrucción de su identidad femenina y en la educación que después dieron a sus descendientes.

Para ello, se han rastreado dos aspectos fundamentales de las conversaciones con ambos interlocutores, especialmente con N.O.: Por un lado, todas aquellas palabras o expresiones discursivas relacionadas con la salud-enfermedad, emociones (dolor, sufrimiento, miedo…), así como patrones conductuales (gestos, tics, postura corporal), cognitivos (presencia de recuerdos muy recurrentes, sueños…) y relacionales (conflictividad familiar, relaciones madre-hija, etc.) que pudieran estar vinculados a la vivencia traumática de Carmen, Obdulia y Prudencia; y, por otro lado, el conocimiento que tenía N. O. sobre la historia de las mujeres de su familia que vivieron durante la dictadura franquista, y el grado en que dicho conocimiento había influido en su posicionamiento político relacionado con la situación de las mujeres en la sociedad actual.

Carmen, Obdulia, Prudencia y todas las demás, fueron represaliadas no sólo porque se le atribuyeron unos ideales políticos contrarios al régimen, sino porque fueron consideradas una amenaza para el modelo de mujer que quiso instaurar el franquismo. Por lo que, vivieron un proceso de adoctrinamiento en el modelo de feminidad que se perpetuó tras su salida de la cárcel. Las principales instituciones del franquismo que se ocuparon de este proceso de instrucción ideológica, corporal, emocional y relacional, que incidieron tanto en el ámbito privado como en el ámbito público fueron la familia, la iglesia y la Sección Femenina de la Falange Española. Por un lado, la familia, con su «enseñanza de invernadero» para ellas, «discípulas de la sabiduría maternal» (Gaite, El arreglo a hurtadillas, 1987, pág. 119) y la «mística de la masculinidad» para ellos, basada en el heroísmo radical (Gaite, Entre santa y santo pared de canto, 1987, págs. 97-99); por otro lado se situaba la Iglesia, que tomó los mandos de la enseñanza pública y elaboró currículums escolares diferentes para cada sexo, en función de las expectativas vitales que se tenían para unos y otras (Mahamud, 2012); y, por último estaba la Sección Femenina de la Falange Española (1934-1977), liderada por Pilar Primo de Rivera, que pretendió construir, a través de la represión y el control, un modelo de mujer que se correspondiera con el «Ángel del hogar», es decir, «el modelo falangista de mujer» que se ajustaba al ideal femenino de «madre y esposa (o religiosa)» (Mahamud, 2012, pág. 346) que deseaba el régimen.

Todas estas instituciones se enfocaron especialmente en la disciplina de la técnica corporal, que giraba en torno a las labores del hogar (Formación para el hogar, *Enseñanzas del hogar*), al ejercicio de la maternidad y al matrimonio cristiano (Mahamud, 2012, págs. 343-358). Estas técnicas del cuerpo, junto con la gestualidad, las formas del mantenimiento de la apariencia física o la expresión de las emociones, según Le Breton (2018, pág. 57), resultan ser testimonios encarnados de la cultura y de la identidad humana que forman parte de todo el bagaje heredado que compone el imaginario social de la feminidad española.

Probablemente, tanto N. O y H. C. recibieron los valores y técnicas que sus madres y abuelas entendieron que debían inculcarles para que no tuvieran problemas, en un momento en que la dictadura estaba en pleno auge, mucho más férreos, inflexibles y puritanos los dirigidos a la moral femenina, por supuesto. Estos valores adquirían en el mundo rural una mayor rigidez, incluso, debido a la ausencia de referentes que supusieran una alternativa, puesto que la tecno política del régimen se había encargado de aniquilarlos.

Así, de H. C. por no poder haber tenido con él una entrevista en profundidad, no tenemos registro de actitudes, emociones o técnicas corporales que hagan referencia a sus valores en relación a estas cuestiones, pero por el contenido de la breve conversación, se intuye que debió forjar su masculinidad entre las faldas de una mujer que trabajaba sin descanso, que se esmeraba por cuidar de su familia intachablemente, tal y como le habían inculcado en la institución penitenciaria, y que, además, por las noches no podía dormir, que lloraba a escondidas y tenía pesadillas aterradoras (H. C. Comunicación personal, 2022). Una mujer a la que no le estuvo permitido dolerse y, mucho menos, quejarse; que no tuvo tiempo ni espacio para recuperar su vida anterior, porque a partir del 1939 ya nunca cesó del todo la persecución, los rumores, la soledad, la injusticia, y la opresión, ya fuera *intra* o *extra* muros. De ahí que fueran relativamente frecuentes la aparición entre las mujeres de la época (especialmente en aquellas represaliadas por el fascismo) de conductas de resistencia a lo social y moralmente aceptable que se tildaban de locura por parte de disciplinas como la psiquiatría y la medicina, colonizadas principalmente por hombres, y que amparaban prácticas de internamiento en psiquiátricos, tratamientos torturantes que en muchas ocasiones acaban con la muerte de las mujeres y gran cantidad de diagnósticos psiquiátricos, de procedencia psicoanalítica, basados en su aparato genital, que servían a lógicas de control de sus cuerpos como medio de control de su papel en la sociedad (García-Díaz, 2016). Hoy en día, la sobremedicalización de las mujeres y la absurda persecución de la objetividad científica mediante la exclusión de la experiencia femenina son ejemplos de la rabiosa actualidad de dichas prácticas, que continúan usando nuestros cuerpos como objetivos principales de violencia patriarcal (Ibid.), cuya actualización es producto, entre otras cosas, de las ya mencionadas políticas del olvido que alimentan un periódico borrado de la historia del movimiento feminista.

Sobre las huellas de la doctrina patriarcal ejercida durante el franquismo en N. O., observamos fundamentalmente técnicas corporales heredadas de su madre y de su abuela, que se concretan en su habilidad y gusto por las labores de costura. Implícita en esta tecnología corporal se encontraban los valores sexistas del régimen con los que quería romper radicalmente las conquistas feministas que la ciudadanía había conseguido durante la II República. Pero implícitas en estas acciones, también, se encuentra viva la memoria de Obdulia, su tono de voz al enseñarle los puntos a su nieta, su gestualidad a la hora de coger la aguja o el mimo con que hacía los paños de ganchillo para regalarlos a la familia. De esta forma, aunque el tejer, coser o tricotar suponían una herramienta del régimen para mantener a las mujeres en casa, ocupadas en sus labores, alejadas de lo público, para muchas de ellas esta destreza supuso también una estrategia de supervivencia durante su encierro (prisión/casa), un espacio de transmisión de la historia y los saberes familiares y una expresión de su legado.

En cuanto a las conductas y cogniciones (introyectos, valores fundamentales) que se observaron en ella, procedentes de ese modelo heredado de feminidad, destacamos las tareas del cuidado del hogar y la familia y una actitud muy firme hacia la consideración del trabajo y el sacrificio como un mandato del género femenino casi en exclusiva. Así, se observa que existe una cierta conciencia feminista en relación a la petición de igualdad respecto al salario en el trabajo remunerado fuera de casa, pero no en torno al trabajo no remunerado de cuidados:

> N. O.: Mi abuela nos hacía que les limpiáramos los zapatos de los domingos, ¿sabes? ¡A los chicos, a mis hermanos! Y ahora cocinan y limpian. Y, hombre mi marido si me tiene que ayudar, me ayuda. Pero que no es eso... Yo es que a esa gente tampoco la entiendo. Yo si me he tenido que ir a trabajar a la champiñonera (que nos íbamos a las 9 a.m. y volvíamos a las 20 p.m.), me levantaba bien temprano, preparaba comida, me traía a los chicos de mi hermana... ¡y lo llevábamos todo!... Yo no veo esa

igualdad que quieren... No la entiendo... Igualdad en los sueldos, sí, eso sí. Pero en el trabajo, no.

E: Es una igualdad para que todos tengamos el derecho a elegir…

N. O.: Eso sí, lo entiendo... Si trabajan los dos, sí...pero es que ahora la gente queremos demás. Vamos, ya soy mayor, pero entiendo las cosas. Hemos trabajado... puf... Muchísimo, más que ahora trabaja la gente. Hemos hecho más cosas y ahora la gente se queja de nada...

También destacamos de las observaciones del discurso de N. O., esta vez relacionadas con la emoción, una anécdota que ejemplifica perfectamente como ella y las mujeres de su generación (la 3ª) comenzaron a desafiar la herencia del miedo asociado a ser mujer a causa de las violencias patriarcales que fomentaba la dictadura.

N. O.: Mi abuela y yo discutíamos muchísimas veces porque yo tenía una forma de ser más liberal. La generación nuestra ya empezamos... Yo fui de las primeras que con mi marido me iba a Madrid, por ahí, o a Valencia.

E: ¿Y qué te decía tu abuela de todo eso?

N. O.: ¡uh!... Que yo no iba a vivir aquí... «Esta luego se va a ir por ahí con alguno y ya no va a aparecer...». Y yo no he ido con nadie, solamente con C., él ha sido mi novio, mi marido y hasta el fin. Pero ella decía «esta... puf... a saber... no tiene miedo a nada... Aunque se suba en los cuernos de la luna, no tiene miedo». Y era verdad, no tenía miedo.

Esta tercera generación de mujeres sintió que podía comenzar a vivir con menos miedo, a pesar de seguir manteniendo restricciones a la libertad, al placer o al disfrute del propio cuerpo femenino, pues la dictadura se esforzó porque el patriarcado se infiltrara bajo los poros de la piel de cualquiera y que todas las personas supieran cuál era su función principal en la sociedad en función de los genitales que fueran visibles al nacer.

Como mujer de 3º generación de la superviviente de una guerra, N. O. se había desprendido del miedo y de algunos introyectos bajo los que vivió su abuela y las otras mujeres en aquel y otros pueblos, pero otros valores vinculados al «modelo de mujer ideal» seguían y siguen operando en ella y en todas, entonces y ahora, porque el patriarcado sigue ejerciendo una violencia implacable. Un ejemplo de ello es la vivencia de la maternidad, el formar una familia, un hogar, como uno de los pasos fundamentales en la construcción del «yo-mujer»:

> N. O.: Mi abuela siempre decía: «esta se va a ir». Y luego yo le decía a ella: «ves, abuela...No me he ido». Y ya cuando nos casamos y la trajimos a ver nuestra casa que ya estaba puesta ... Ay... [se emociona]... Ella decía «no me lo habría creído nunca», «me voy a morir tranquila». Y yo le decía «Ay, abuela, no te mueras, a ver si tengo un bebé»; «yo quisiera que vieras un bebé mío»... Pero no pudo ser... Pero bueno, se murió feliz, tranquila de ver que no me iba del pueblo y estábamos siempre ahí. Se murió tranquila. No perdió la cabeza en ningún momento. Se fue apagando. Y ella decía: «ay... te vas a quedar aquí y yo no lo pensaba». Y eso me lo ha repetido siempre.

Todos estos son ejemplos de cómo la Guerra Civil y la posterior dictadura supuso una congelación de la agenda feminista de nuestras predecesoras en la lucha por los derechos de las mujeres. Por ello, la reivindicación de la memoria conlleva una posición política feminista. No podemos obviar, tal y como hemos ido viendo a través de estas hojas, que los años de oscuridad son siempre más oscuros para las mujeres y las personas disidentes de la heteronorma, por lo que es necesario proponer una «contra historia»(Alcañiz, 2013) que desentierre estas experiencias que han estado excluidas hasta ahora de la Historia (con mayúsculas) y, por ello, de lo público por estar dentro del ámbito de lo íntimo, de los afectos, de lo privado (Hirsch, La generación de la posmemoria: escritura y cultura visual después del Holocausto, 2015, págs. 33-34). A las mujeres de estas tres generaciones, especialmente a aquellas de las zonas de provincias más pequeñas de dónde venimos, les debemos la capacidad de resistencia en las retaguardias y en los cotidianos a los que nos enfrentamos cada día. Y con ello, un compromiso con su memoria.

5.3. El desarraigo

> «Desarraigar»: 1. Arrancar de raíz una planta. 2. Extirpar hábitos o costumbres nocivos. 3. Separar a alguien del lugar o medio donde se ha criado, o cortar los vínculos afectivos que tiene con ellos. 4. Expulsar, echar de un lugar, especialmente a un invasor o enemigo. (Real Academia Española, 2022).

Se ha hablado mucho acerca del exilio español durante la guerra civil y la posguerra, pero no tanto sobre la relación de ésta con el éxodo rural español que se produjo en la España de los años sesenta, y las posibles implicaciones políticas, sociales e, incluso, medioambientales, que este fenómeno trajo consigo y que hoy, más que nunca estamos padeciendo.

Este epígrafe, por tanto, es una propuesta de acerca de la hipótesis de la existencia de relación entre el éxodo de población que se produjo en Alborea en la década de los sesenta (cuando de tener 2101 habitantes en la década de los años sesenta, pasó a 1340 en la década de los setenta) (INE, 2022) y la represión económica, social y política a las/os republicanos/as, durante la dictadura. Se trata, por tanto, de cerrar este trabajo desde un espacio de inconcluso, partiendo de las preguntas que nos hacemos tras haber analizado el panorama de la represión femenina en Alborea y vislumbrar posibles consecuencias que esta tuvo, invitando así a la realización de estudios posteriores que indaguen en los supuestos planteados.

Así pues, de las 30 mujeres encausadas en ese territorio, naturales de allí, de acuerdo a los datos de la Web «Víctimas de la Dictadura» (2022), desconocemos información referente al destino de 12 de ellas; del resto, tenemos indicios de que 14 (ellas y/o sus hijos/as) migraron durante la posguerra a otros municipios; y sólo 4 familias, se quedaron casi al completo en Alborea (Figura 6 y Anexo II). Los destinos de llegada fueron, principalmente, las capitales más cercanas,Valencia y Albacete, algunos pueblos de las mismas (principalmente de Valencia, por su cercanía con el municipio analizado), Barcelona, Madrid y Pamplona.

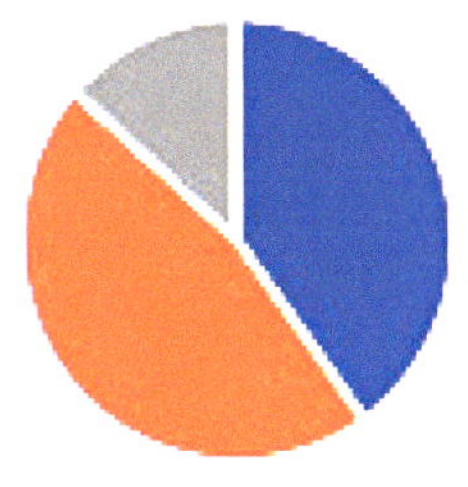

Figura 6. Migración de las mujeres represaliadas de Alborea y sus familias durante la posguerra

Por lo que sabemos hasta el momento, casi la mitad de las familias de las mujeres represaliadas de Alborea se vieron abocadas al desarraigo, al menos la segunda generación, por lo que pensamos que esto puede estar relacionado directamente con el estigma social presente en los pueblos («ser hijo/a de un rojo/a»), así como, por supuesto, la mecanización de la agricultura y el desarrollo industrial de las grandes ciudades, que necesitaban la mano de obra que sobraba en el campo. No es difícil de comprender esta relación si tenemos en cuenta que, tal y como hemos mencionado anteriormente, consideramos la guerra civil como una guerra de clases, en la que los/as vencedores/as eran los propietarios de la tierra, mientras que los/as vencidos eran los/as jornaleros/as que la trabajaban. Por lo que, si había alguien que sobraba en las pequeñas poblaciones del interior de La Mancha, esas eran las personas que habitaban la base de la pirámide social. Estos jornaleros y jornaleras, lavanderas y sirvientas abandonaron sus casas y tierras (expoliadas tras la guerra, en muchos casos) para ir a servir a las casas de familias burguesas y a trabajar en las fábricas y minas de las grandes ciudades, habitando los márgenes de las ciudades. Con el paulatino crecimiento de las ciudades, estos márgenes pasaron de ser los suburbios y barrios de chabolas de las ciudades, a convertirse en zonas más o menos céntricas plagadas de grandes edificios grises de pequeños apartamentos y, habitualmente sin zonas verdes, en las que a menudo vivía esa segunda generación, algún familiar del pueblo que emigró más tardíamente y una recién nacida tercera generación. Hablamos de los años setenta y ochenta, de los nietos y nietas de Prudencia, Obdulia, Sinforiana, María, etc. Esta nueva prole, con suerte, iba al pueblo durante los veranos si la familia pudo conservar la casa; en algunos casos, el regreso era a casa de alguna tía o de los abuelos/as, si se quedaron allí; en otros, el regreso puede que nunca se diera ya y que aquel viaje migratorio de dos generaciones atrás simbolizara la ruptura definitiva con los lazos afectivos, materiales y culturales con aquella tierra, que tanto sufrimiento les había provocado. De tal forma, la tercera generación nacía ya tras el borrado consciente y necesario del pasado familiar, legando así el tabú y el olvido, y con ello una probable falta de conciencia política de los motivos por los que sus abuelos/as emprendieron el viaje a una nueva vida. Por lo tanto, creemos que la desmemoria podría relacionarse directamente, de esta forma, con una paulatina despolitización generacional, falta de conciencia de clase y con el desarraigo cultural, que está detrás de la despoblación de las zonas rurales en los territorios manchegos (Gamo & Conde, 2020). Por estas razones (basadas en meras hipótesis de trabajo que esperamos poder contrastar próximamente), si queremos una sociedad implicada en sus propios problemas, que no deje la responsabilidad democrática, entre otras cosas, en manos de cualquiera, necesitamos hablar de memoria, hoy más que nunca, porque de ello depende nuestro futuro como sociedad y como especie.

5.4. Apuntes finales

La actual crisis mundial catalizada por la aparición del COVID-19 ha desvelado la urgencia de la búsqueda, el tratamiento y la escucha de los últimos testimonios vivos de la cara B, hasta ahora no nombrada, del acontecimiento más triste de nuestra historia contemporánea. El reconocimiento de sus historia de vida silenciadas y la reelaboración de las posmemorias que surgen a partir de ellas en los núcleos rurales, son objetivos apremiantes de la investigación en materia de género, pero también en materia democrática e, incluso, medioambiental. Recoger estas narrativas del ámbito privado, utilizando metodologías feministas, que atiendan las diferentes formas en las que se transmite la memoria es la mejor manera de resistir frente al olvido, gran aliado del patriarcado, del capitalismo y de los fascismos.

Con esta voluntad de aguante, se ha tratado de recuperar y reflexionar acerca de las diferentes formas de represión específica que sufrieron las mujeres durante la guerra civil y la inmediata posguerra, por mujeres y por «rojas»; la violencia sexual, el castigo maternal, el rapado del cabello, la reeducación, las humillaciones públicas, así como el sexismo benevolente son ejemplos de tortura diseñados por el franquismo para mutilar y aniquilar la ciudadanía de las mujeres y condenarlas a la muerte social, en la que ni siquiera sus cuerpos eran suyos, sino territorio de los vencedores y una pérdida más de los vencidos. Las consecuencias de aquella violencia política despiadada marcaron a las víctimas de primera generación, y dichas huellas se han ido transmitiendo a las generaciones posteriores (Morandi y Miñarro, 2012; Armañanzas, 2009; Ruiz-Vargas, 2006) a través de los silencios, determinados valores culturales asociados al estereotipo de feminidad y masculinidad que impuso el régimen y las técnicas corporales asociados a ellos.

A través de la aproximación a las posmemorias de la segunda y tercera generación de descendientes de algunas de las mujeres represaliadas en Alborea hemos podido conocer mejor los hilos de esa violencia patriarcal que se produjo durante la guerra, la posguerra y se extendió durante toda la dictadura, y que afectó finalmente a todas las mujeres, pero especialmente, a aquellas vinculadas al bando perdedor, bien fuera por afiliación política, bien por filiación familiar, como en el caso de la mayoría de las mujeres encausadas en el municipio elegido.

Hasta donde hemos podido averiguar, muchas de ellas no eran militantes declaradas, aunque la mayoría estaban vinculadas a la república a través de sus lazos familiares, laborales o ideológicos, más allá de su afiliación personal a un sindicato concreto o no. Independientemente de cuál fuera la relación con la república, en el pueblo, como en otras zonas rurales, cualquier acción podía ser sospechosa de vincularse a la izquierda, desde manifestarse en el espacio público, pasando por denunciar la situación torturante en la que se encontraban los presos de las cárceles cercanas, pasando por participar con el Socorro Rojo en colectas locales, a estar en el sitio y a la hora equivocados. Cualquiera de esas acciones podía ser motivo suficiente para que las tacharan de «milicianas», «asesinas», «inductoras al crimen», «farsantes», «elementos peligrosos», etc. fuese o no fuese verdad, el franquismo tuvo inventiva y crueldad suficiente para maquillar la realidad y hacer que esta se aceptara como tal en el inconsciente colectivo del territorio, y que aquellas narrativas perdurasen hasta la actualidad. Por ello, además de analizar los expedientes militares, resultaba imprescindible aproximarnos a las posmemorias familiares y darle voz a esa otra parte que no ha sido escuchada durante los ochenta años posteriores al conflicto.

Las intervenciones de ambos informantes, además de haber sugerido un relato alternativo al de los juicios sumarísimos, nos han ayudado a trazar un mapa acerca de las principales herencias de la violencia franquista que han perdurado hasta hoy; herencias que están directamente relacionadas con los estereotipos de género que sustentan dinámicas de poder y de violencia machistas y también, hipotetizamos, con una generalizada despolitización, causada en parte por el desarraigo social y cultural al que se empujó a las familias «vencidas».

Dar voz desde los espacios de investigación, académicos o no, públicos o privados, resulta imprescindible, pues hasta ahora, la política del silencio que se ha venido haciendo desde las instituciones públicas, tal y como se ha puesto de manifiesto en el caso de Alborea, no ha hecho nada más que menoscabar el derecho a la memoria de la ciudadanía, con las consecuencias que ello implica para la igualdad de género, para la reconstrucción del tejido social y lo que esto conlleva para el futuro de la democracia e, incluso, para el medio ambiente y el devenir del planeta.

Por lo tanto nuestro trabajo aquí es una mera aproximación a favor de la memoria del diálogo, del encuentro con lo humano y con su historia, que abra la posibilidad de trenzar nuevos vínculos con las voces menos escuchadas, con el fin de construir una sociedad más diversa, responsable e igualitaria.

6. BIBLIOGRAFÍA

Abad, I. (2009). Dimensiones de la «Represión sexuada» durante la dictadura franquista. *Guerra Civil: las representaciones de la violencia*, 65_86.

Alcañiz, V. L. (2013). Contra memoria. Historia, genealogía y ontología del presente en Michael Foucault. *Historiografías*, 13-31.

Alía, F., Bascuñán, Ó., Rodríguez-Borlado, H. V., & Villalta, A. M. (2017). Mujeres solas en la posguerra española (1939-1949). Estrategias frente al hambre y la represión. *Revista de historiografía*, 213-236.

Alía, F., Bascuñán, Ó., Vicente, H., & Villalta, A. M. (2017). Mujeres solas en la posguerra española (1939-1949). Estrategias frente al hambre y la represión. *Revista de historiografía*, 213-236.

Armañanzas, G. (2009). Transmisión Transgeneracional del Trauma de nuestra Guerra Civil. *Norte de Salud Mental*(34), 44-51.

Armañanzas, G. (2012). Elaboración Transgeneracional del Trauma: Guerra Civil Española. *Norte de salud mental, X*(43), 13-17.

Aymerich, Á. F. (1952). Rebelión. En Á. F. Aymerich, *El grito inútil* (pág. 106). Ediciones Tigres de papel.

Barbero, J. M. (2020). *Jesús Martín Barbero, «Ciudadanías en escena: performancia, política y derechos culturales»*. Obtenido de Hemispheric Institute: https://hemisphericinstitute.org/es/enc09-academic-texts/item/679-staging-citizenship-performance-politics-and-cultural-rights.html

Barranquero, E. (2007). Mujeres malagueñas en la represión franquista a través d elas fuentes orales y escritas. *Historia Actual Online*, 85-94.

Barranquero, E. (2007). Mujeres malagueñas en la represión franquista a través de las fuentes escritas y orales. *HAOL*, 85-94.

Bascary, A. M. (2021). *Aquí estamos nosotras: Represión y resistencias femeninas en Villarrobledo (1939- 1949).* Sevilla: Deculturas.

Bertaux, D. (2005). *Los relatos de vida: perspectiva etnosociológica.* Barcelona: Edicions Bellaterra.

Bosch, E., Ferrer, V., & Navarro, C. (2008). La psicología de las mujeres republicanas según el Dr. Antonio Vallejo Nájera. *Revista de Historia de la psicología, 29*(3/4), 35-40.

Burgos, E. (2005). Memoria transmisión e imagen del cuerpo. Variaciones en el relato de un escenario de guerra insurgente . *Nuevo Mundo mundos nuevos, Debates*, 1-45.

Cabrero, C. (2004). «Rebeldías cotidianas» y otras formas de resistencia de las mujeres durante el primer franquismo (Asturias, 1937-1952). *Historia del Presente*, 31-46. Obtenido de Historia del Presente: http://historiadelpresente.es/sites/default/files/revista/articulos/4/403espaciosfemeninosdelucha.pdf

CIS. (Julio de 2020). *Datos CIS: Estudio nº 3288.* Obtenido de CIS: http://datos.cis.es/pdf/3288_Estimacion.pdf

Cuevas, T. (1985). *Cárcel de Mujeres (1939-1945).* Barcelona: Sirocco Books.

Di Febo, G. (1979). *Resistencia y movimiento de mujeres en España, 1936-1976.* Barcelona: Icaria.

Domenech, R. M. (2013). Taxonomías misóginas de la femeninidad y feminidades rebeldes. En R. M. Domenech, *Ciencia y sabiduría del amor. Una historia cultural del franquismo.* Madrid: Iberoamericana- Vervuert.

Egido, Á. (2011). Mujeres y rojas: la condición femenina como fundamento del sistema represor. *Studia histórica, Historia contemporánea*, 19-34.

Egido, Á. (2017). Memoria de la represión: nombres femeninos para la historia. *Arenal: Revista de historia de mujeres*, 509-535.

Femenina, S. (1966). La familia. En For, *Formación político social. Primer curso de bachillerato. Sección femenina de FET y las JONS.* Madrid.

Fernández García, S. (2012). Muertas en vida. Investigación sobre la represión dada a las mujeres en la postguerra española en Ciudad Real. *AIBR Revista de Antropología Iberoamericana*, 327 - 360.

Flórez, M. A. (2013). Alejandra: Radiografía del dolor. En A. d. Chatellus, & M. Ezquerro, *Alejandra Pizarnik: el lugar donde todo sucede* (págs. 53-60). París: L'Harmattan.

Foucault, M. (1977). *Languaje, counter Memory, Practice: selected essays and interviews.*Bouchard, Ithaca: Cornell University Press.

Foucault, M. (2007). *El nacimiento de la biopolítica.* Buenos Aires: Fondo de Cultura Económica.

Gaite, C. M. (1987). El arreglo a hurtadillas. En C. M. Gaite, *Usos amorosos de la postguerra española.* Barcelona: Anagrama.

Gaite, C. M. (1987). Entre santa y santo pared de canto. En C. M. Gaite, *Usos amorosos de la posguerra española.* Barcelona: Anagrama.

Gallego, J. (2017). *La depuración franquista del magisterio primario en Albacete (1936-1945).* Universidad de Castilla La Mancha.

Gamo, R., & Conde, R. (2020). El desarraigo cultural, efecto de la despoblación en Castilla-La mancha. *Monograma Revista Iberoamericana de Cultura y Pensamiento* (46), 219-229. https://doi.org/10.36008/monograma.201.06.1722 http: revistamonograma.com ISSN 2603-5839

García-Díaz, C. (2016). VI Jornadas internacionais de História da Psiquiatria e Saúde Mental. *De la mujer ideal a la loca: Psiquiatría, locura y género en las primeras décadas del siglo XX en España.* Coimbra: Centro de Estudios Interdisciplinares do Século XX da Universidades de Coimbra; Grupo de História e Sociologia da Ciência e da Tecnologia; Sociedade de História Interdisciplinar da Saúde.

Garretas, M. M. (1996). La querella de las mujeres: una interpretación desde la diferencia sexual . *Política y cultura*, 25-39 .

Garriga, C. (2012). La transmisión intergeneracional del trauma. Caso María. *Clínica e investigación Relacional. Revista electrónica de psicoterapia*, 602-619.

Gómez, M. L. (2021). La prisión provincial de Albacete: una cárcel de hombres por la que pasaron mil mujeres. *Seminario de Estudios de Franquismo y Transición (SEFT).* Albacete: Universidad de Castilla La Mancha.

Gómez-Marín, I., & Hernández-Jiménez, J. (2011). Revisión de la Guerra Civil Española y la posguerra como fuente de traumas psicológicos desde un punto de vista transgeneracional. *Clínica e Investigación Relacional (CeIR). Revista electónica de psicoterapia, 5*(3), 473-491.

González Martínez, M. (2019). Mujer, violencia, politización y mundo rural. *Al-Basit 64*, 217-268.

Gorosarri, M. G. (2008). *La represión franquista contra las mujeres republicanas.* Donostia: Ttarttalo.

Guereña, J.-L. (2012). Prostitución y franquismo: vaivenes de una política sexual. En R. Osborne, & R. Osborne (Ed.), *Mujeres bajo sospecha (Memoria y sexualidad, 1930-1980)* (Cuarta ed.). Madrid: Fundamentos.

Hirsch, M. (2015). *La generación de la posmemoria: escritura y cultura visual después del Holocausto.* Madrid: PanCrítica.

Hirsch, M. (2020). *«Los usos y abusos de la memoria»*. Obtenido de Hemispheric Institute: https://hemisphericinstitute.org/es/enc09-academic-texts/item/680-the-uses-and-misuses-of-memory

I. (22 de Julio de 2020). Entrevista 1. (M. Avendaño, Entrevistador)

Juliano, D. (2012). Las monjas en las cárceles de la posguerra. En R. Osborne, & R. Osborne (Ed.), *Mujeres bajo sospecha (Memoria y sexualidad, 1930-1980)* (Cuarta ed.). Madrid: Fundamentos.

Lavinio, C. (2017). Narración oral en femenino. En M. Sanfilippo, H. Guzmán, & A. Zamorano, *Mujeres de palabra: género y narración oral en voz femenina* (págs. 65-85). Madrid: UNED.

Le Breton, D. (2001). *El silencio: Aproximaciones.* Ediciones Sequitur.

Le Breton, D. (2018). *La sociología del cuerpo.* Madrid: Siruela.

Magini, S. (2001). Cap. 2: «Modernas y misoginia». En *Las modernas de Madrid* (págs. 74-112). Barcelona: Península.

Mahamud, K. (2012). La paradoja de la educación sexual en los manuales escolares de la Primera Enseñaza en las dos primeras décadas del franquismo (1939-1959). En R. Osborne, & R. Osborne (Ed.), *Mujeres bajo sospecha (Memoria y sexualidad, 1930-1980)* (Cuarta ed.). Madrid: Fundamentos.

Martín-Baró, I. (1990). *Psicología social de la Guerra: trauma y terapia.* UCA Editores.

Maud, J. (2008). Las violencias sexuadas de la Guerra Civil Española: Paradigma para una lectura cultural del conflicto. *Historia Social*, 89-107.

Miñarro, A. (2012). Mujer: represión e invisibilidad. En A. Miñarro, & T. M. (compiladoras), *Trauma y transmisión. Efectos de la guerra del 36, la posguerra, la dictadura y la transición en la subjetividad de los ciudadanos* (págs. 97-116). Barcelona: Fundación CCSM y Xoroi Edicions.

Miñarro, A., & Morandi, T. (2012). *Trauma y transmisión. Efectos de la guerra del 36, la posguerra, la dictadura y la transición en la subjeti-*

vidad de los ciudadanos. Fundació Congrés Català de Salut Mental; Xoroi. https://doi.org/ISBN: 9788490073407.0

Mir, C. (2004). La represión sobre las mujeres en la posguerra española. *Cuadernos republicanos*, 205-227.

Molinero, C. (2004). Mujer represión y antifranquismo. *Historia del presente*, 9-12.

Morandi, T. (2012). Transmisión psiquica del trauma en los sujetos y entre generaciones. En A. Miñarro, & T. Morandi, *Trauma y transmisión* (págs. 79-95). Barcelona: Pensódromo.

Moreno, J. (2017). *La vida social de las fotografías familiares en contextos de violencia (1936- 2016).* UNED.

Mujeres Antifascistas Españolas. (1 de Noviembre de 1946). Desde la cárcel... *Unión de Mujeres Españolas*, págs. 1-8.

Muñoz, J. (26 de Junio de 2015). *Aviso para navegantes.* Obtenido de AEDA: narraciónoral.es: https://narracionoral.es/index.php/es/documentos/articulos-y-entrevistas/articulos-seleccionados/951-aviso-para-navegantas

Muñoz-Encinar, L. (2020). Unearthing gendered repression: an analysis of the violence suffered by women during the civil war and Franco's dictatorship in Southwestern Spain. *World Archaeology.*

Nash, M. (1999). *Rojas. las mujeres republicanas en la Guerra Civil.* Madrid: Taurus.

Navarro, S. (2019). *´Género y políticas de reparación.* Madrid: Irredentos.

Núñez, M. (2003). *Mujeres caídas: prostitutas legales y clandestinas en el franquismo.* Madrid: Oberón.

O'Neill, C. (2003). *Una mujer en la guerra de España.* Madrid: Oberon.

Ortiz, M. (1995). *Violencia, conflictividad y justicia en la provincia de Albacete (1936-1950).* Albacete: Universidad de Castilla-La Mancha.

Ortiz, M. (2000). *La Guerra Civil en Castilla La Mancha: de el Alcázar a Los Llanos.* Madrid: Celeste Ediciones.

Ortiz, M. (2013). *La violencia política en la dictadura franquista 1939-1977. La insoportable banalidad del mal.* Albacete: Bomarzo.

Osborne, R. (2012). Los castigos a las mujeres. (De la ecuación roja-degenerada al castigo maternal: el caso de Carlota O' Neill). En R. Osborne (Ed.), *Mujeres bajo sospecha (Memoria y sexualidad, 1930-1980)* (págs. 121-138). Madrid: Fundamentos.

Pardo, M. P. (2000). Vida económica de Castilla-La Mancha en el marco d ela economía de guerra en la zona republicana. En M. Ortiz(-coord.), *LA Guerra Civil en Castilla-La Mancha: de El Alcázar a Los Llanos* (pág. 304). Madrid: Ediciones Celeste.

PARES. (Julio de 2020). *PARES.* Obtenido de PARES: http://pares.mcu.es/ParesBusquedas20/catalogo/description/4191680/imprimir

Peña, A. M. (2021). *Aquí estamos nosotras: Represión y resistencias femeninas en Villarrobledo (1939-1949).* Sevilla: Deculturas Ediciones.

Pérez-Sales, P. (2003). *Programa de autoformación. Psicoterapia de Respuestas Traumáticas Vol. 1: Trauma y Resistencia.*You & Us, S.A. https://doi.org/M-37133-2003

Preciado, P. (2019). Conversatorio con Miguel Mesa del Castillo. *II Congreso Internacional Identidad, tránsito, territorio y violencias.* Murcia.

Ramblado, I. (Diciembre de 2015). *Research Gate: Bailando sobre la tumba de Queipo de Llano.* Obtenido de Research Gate: Bailando sobre la tumba de Queipo de Llano: https://www.researchgate.net/publication/286255967_Bailando_sobre_la_tumba_de_Queipo_de_Llano

Ramos, S., & Gallego, J. (s.f.). *Buscador por filtros. Víctimas de la dictadura.* Obtenido de Víctimas de la dictadura.es: https://www.victimasdeladictadura.es/

Real Academia Española. (27 de octubre de 2022). *Disccionario de la Lengua española: RAE.* Obtenido de rae.es: https://dle.rae.es/desarraigar#CTUMAjU

Ruiz-Vargas, J. M. (2006). Trauma y memoria de la Guerra Civil y de la dictadura franquista . *Hispania Nova. Revista de Historia Contemporánea*(6). https://doi.org/M-9472-1998

Sánchez, P. (2009). *Individuas de dudosa moral: La represión de las mujeres en Andalucía (1936-1958).* Barcelona: Crítica.

Sánchez, P. (2012). Individuas de dudosa moral. En R. Osborne (Ed.), *Mujeres bajo sospecha (Memoria y sexualidad, 1930-1980)* (págs. 103-119). Madrid: Fundamentos.

Segato, R. (2016). *La guerra contra las mujeres.* Madrid: Traficantes de Sueños.

Selva, A. (2000). La guerra civil en Albacete. En M. O. (Coord.), *La Guerra Civil en Castilla La Mancha: Del Alcázar a Los LLanos* (pág. 304). Madrid: Celeste ediciones.

SERSOC. (2009). Efectos transgeneracionales del daño psicosocial ocasionado por el terrorismo de estado. En M. Lagos, V. Vital-Brasil, B. Brikmann, & M. Scapucio, *Daño transgeneracional: Consecuencias de la represión política en el cono Sur* (págs. 331-440). CINTRAS; EATIP; GTNM/RJ; SERSOC. https://doi.org/ISBN: 978-956-7260-03-4

Sola, A. C. (2016). La violencia sexual en la retaguardia republicana durante la guerra civil española. *Historia Actual Online*, 69-80.

Tejada, J. L., & Estrada, C. (2012). *Daño transgeneracional: la herencia del trauma psicosocial.* CINTRAS. Centro de Salud Menta y Derechos Humanos. Serie Monografías.

Torres, M. (20 de Marzo de 2012). *Tiempos de postguerra: mucho miedo y poco pan.* Obtenido de Los Hijos de Hipatia: https://losojosdehipatia.com.es/cultura/historia/tiempos-de-postguerra-mucho-miedo-y-poco-pan/

Universidad Popular & Concejalía de cultura. (2001). *Páginas de nuestra vida.* Ayuntamiento de Alborea.

Universidad Popular & Concejalía de Cultura de Alborea. (2007). *Memoria y Realidad.* Ayuntamiento de Alborea.

Vinyes, R. (2002). *Irredentas. Las presas políticas y sus hijos en las cárceles de Franco.* Madrid: Temas de hoy. Historia.

Viosca, E. (2007). *Autobiografía.* Concejalía de Cultura de Albores & Ayuntamiento de Alborea.

Yusta, M. (2004). Rebeldía individual, compromiso familiar, acción colectiva: las mujeres en la resistencia al franquismo durante los años cuarenta. *Historia del Presente*, 36-93.

7. ANEXO I: Genealogía de las mujeres de la causa 1884

Ana Cabezas Sáez (22/07/1897), y su marido, Eleuterio Herrero Sotos (22/05/1888) tenían cuatro hijos: Juan José Herrero Cabezas (5/09/1914), Antonio Herrero Cabezas (15/01/1915), Josefa Herrero Cabezas (22/09/1920) y Silverio Herrero Cabezas (9/09/31). Antonio Herrero Cabezas aparece en la Lista Rectificada de Reclutamientos de 1936. Y Juan José Herrero Cabezas, el hermano mayor, es también encausado en el año 1939 (Sumario 1886, caja 14699, nº7).

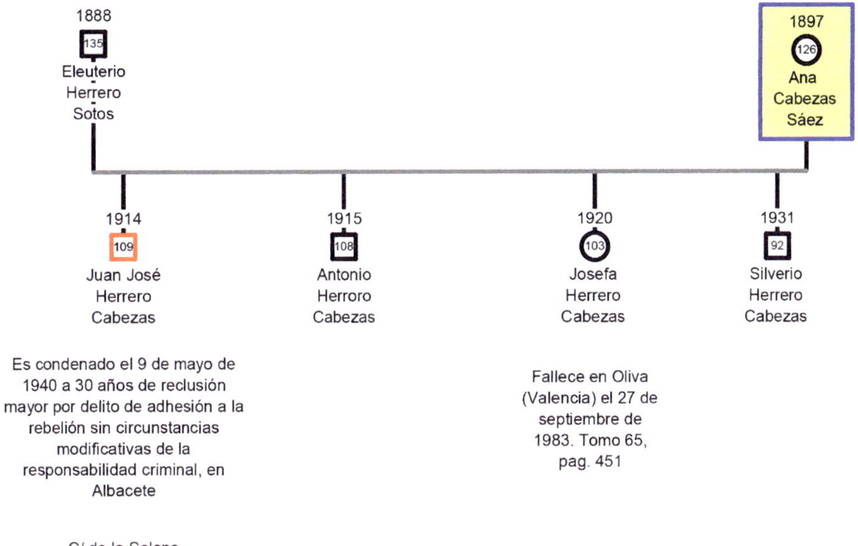

Figura 7. Árbol genealógico de la familia de Ana Cabezas Sáez, elaborado a partir de los datos extraídos del Registro Civil de Alborea.

Josefa Navarro Sáez (4/03/1885), esposa de Juan Arenas Pérez (12/04/1884). Tenían cinco hijos: Juan Arenas Navarro (19/30/1913), Virgilio Arenas Navarro (14/02/1917), Maria Arenas Navarro (14/05/1920), Isabel Arenas Navarro (15/05/1922) y Vicente Arenas Navarro (14/05/1926).Virgilio en edad para ir a la guerra.

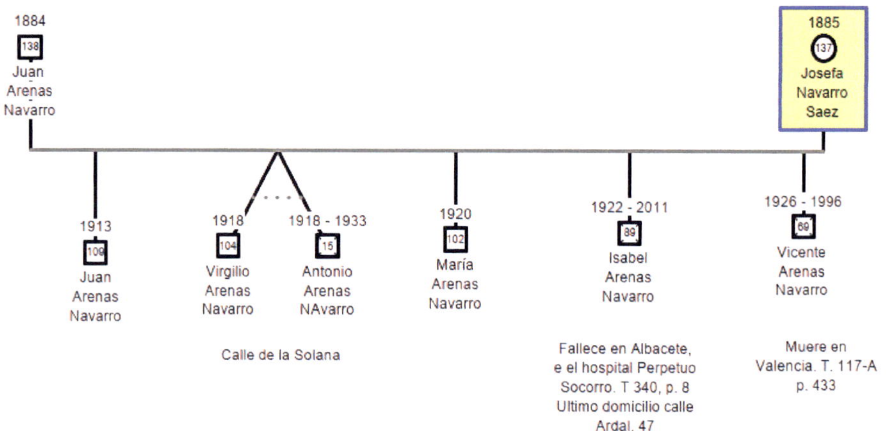

Figura 8. Árbol genealógico de la familia de Josefa Navarro Sáez, elaborado a partir de los datos extraídos del Registro Civil de Alborea.

María Murcia García (30/06/1874), esposa de Andrés González González (3/04/1869), tenían dos hijos: José González Murcia (28/08/1909) y Estanislao González Murcia (15/08/1912). Los dos en edad de combatir en el frente. Y su marido Andrés González González también es encausado en el 1939 (Sumario 1890, caja 14700, nº4).

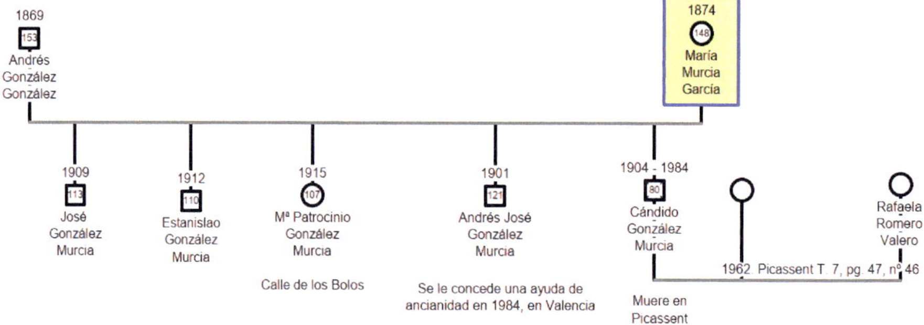

Figura 9. Árbol genealógico de la familia de María Murcia García, elaborado a partir de los datos extraídos del Registro Civil de Alborea.

Claudia Sáez Expósito (1896), esposa de Isidoro Torres Medina (2/01/1886). Tenían seis hijos: José Torres Sáez (19/03/1913), Enriqueta Torres Sáez (25/02/1918), Amalia Torres Sáez (28/03/1921), María Torres Sáez (14/01/1924), Asunción Torres Sáez (11/09/1927), César Torres Sáez (31/08/1931). En este caso, hemos encontrado en el Archivo General Histórico de Defensa a una Josefa Torres Sáez de Albacete que es encausada en el año 1939 (sumario 1311, caja 14632, AGHD), pero no sabemos si se trata de otra hija que no aparece en el Padrón Municipal, si se trata de una confusión de nombres o si es otra persona.

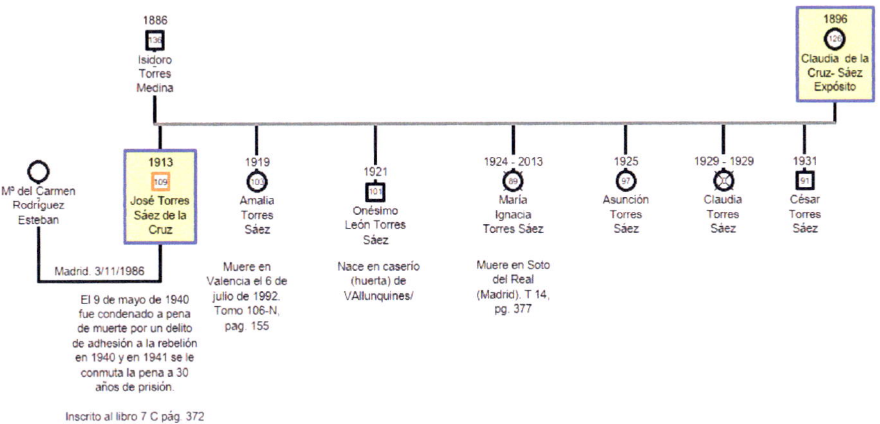

Figura 10. Árbol genealógico de la familia de Claudia de la Cruz- Sáez Expósito, elaborado a partir de los datos extraídos del Registro Civil de Alborea.

Petra Sáez Expósito (16/09/1883), viuda y madre de cinco hijos: Diego Aya Sáez (1911), Eugenio Aya Sáez (1917), Antonio Aya Sáez (1922), Virgilio Aya Sáez (1923) y Amparo Aya Sáez (1929). Sabemos que Eugenio Aya Sáez fue llamado en la lista de reemplazo de 1938 (Lista de reemplazo de 1938, Archivo Municipal de Alborea).

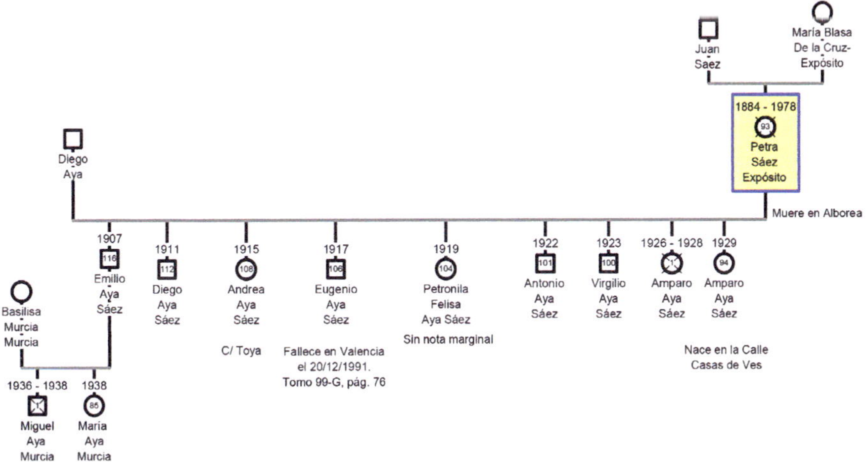

Figura 11. Árbol genealógico de la familia de Petra Sáez Expósito, elaborado a partir de los datos extraídos del Registro Civil de Alborea.

Prudencia Monedero Serrano (19/05/1884), esposa de Tomás Sáez Roda. Tenían 4 hijos: Carmen Sáez Monedero (1915), Juan Sáez Monedero (1918), Pilar Sáez Monedero (1922) y Tomás Sáez Monedero (1926). El mediano de los cuatro hermanos, Juan, tenía también la edad para ser reclutado y **Carmen Sáez Monedero** es también encausada en el año 1939 (Sumario 5045, caja 14994, nº1).

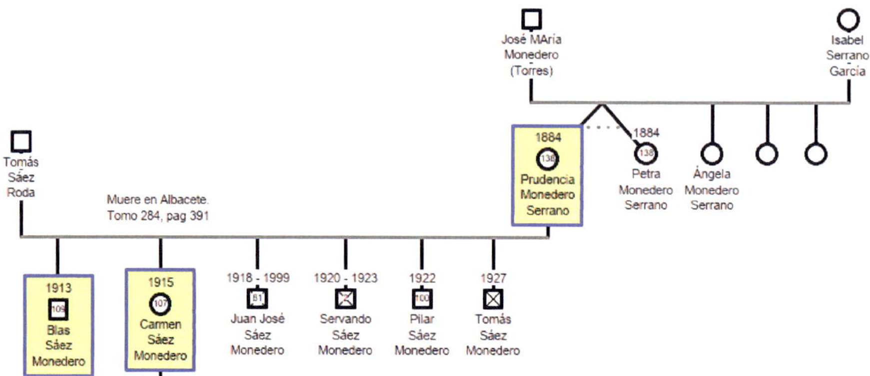

Figura 12. Figura 6. Árbol genealógico de la familia de Prudencia Monedero Serrano, elaborado a partir de los datos extraídos del Registro Civil de Alborea.

Josefa Sáez González (4/06/1916), hija de Roque Sáez Navarro y M.ª Ángela González Pardo. Hermana de Antonio Sáez González (1918) y Pascual Sáez González (1912). Antonio es reclutado y Pascual es encausado en el 1939 (Sumario 3530, caja 14873, nº 1).

Obdulia Pérez Fuentes (6/02/1900), esposa de Fulgencio Borches. Su hija se llamaba María Borches Pérez (23/04/1929). Obdulia era la hermana de Antonio Pérez Fuentes, que fue perseguido por las tropas franquistas, y escapó exiliándose en Francia durante toda su vida.

Isabel Herrero Jiménez (18/04/1896), esposa de José Antonio López Peñalver, uno de los hombres ejecutados en la causa 1884. Eran padres de tres hijas: Carmen López Herrero (16/07/1919), Isabel López Herrero (13/12/1929), Encarnación López Herrero (14/02/1933). En el año 1935, Isabel estaba embarazada de su próximo hijo, José López Herrero (17/08/36).

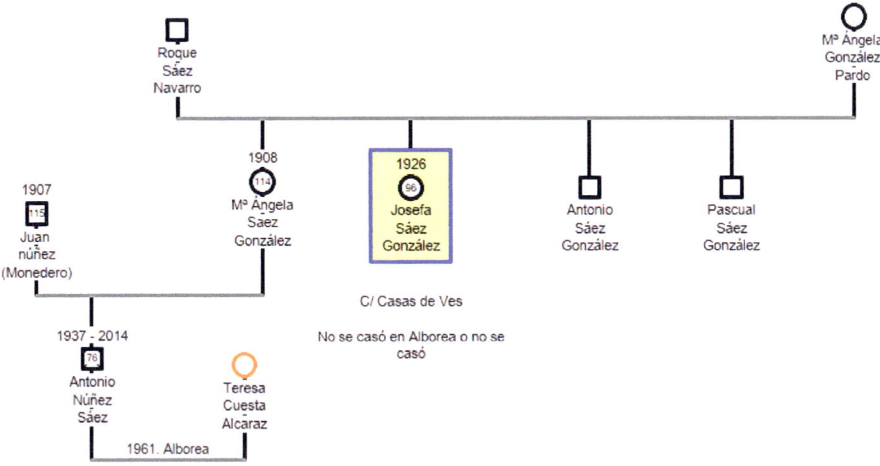

Figura 13. Árbol genealógico de la familia de Josefa Sáez González, elaborado a partir de los datos extraídos del Registro Civil de Alborea.

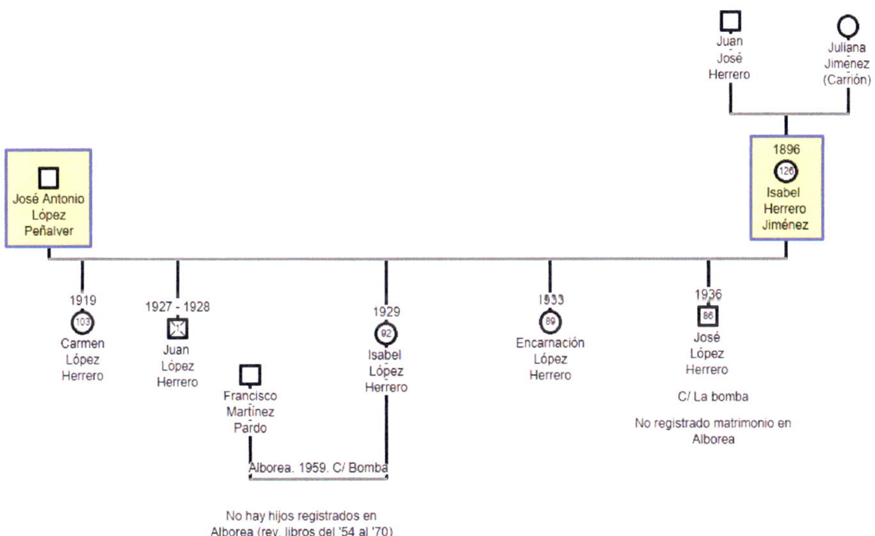

Figura 14. Árbol genealógico de la familia de Isabel Herrero Jiménez, elaborado a partir de los datos extraídos del Registro Civil de Alborea.

8. Anexo II: Destino de las mujeres represaliadas de Alborea durante la posguerra

No datos	Ellas y/o sus hijos/as emigran	Regresaron al pueblo y algunos de sus hijos siguen allí	Total
Teodosia Cabero	Presentación Grimal (Valencia)	Querubina Teruel	
Ramona Mondéjar	Octavia Monteagudo	Águeda Serrano	
María Ferrer	Josefa Navarro (Valencia y Albacete)	Obdulia Pérez	
Victoriana López	Josefa Sáez		
Ana González Pérez	María Murcia (Valencia y Picassent)		
Producena García	Cándida González Pardo		
Sinforiana Gómez	Ana Cabezas (Sus hijos se marchan Oliva)		
Emilia López Martínez	Petra Sáez (muere en Alborea pero alguno de sus hijos se va a Valencia)		
Josefa Martínez Serrano	Claudia de la Cruz Sáez (sus hijos/as se van a Valencia y Madrid)		
María Josefa Núñez Torres	Isabel Pérez (Pamplona)		
Ceferina Pérez Segovia	Isabel Serrano (se va ella a Valencia)		
Emiliana Pérez	Concepción Herrero		
	Cármen Sáez (ella se queda pero se marchan sus hijos/as a Barcelona, Madrid y Valencia)		
	Josefa costa		
12	**14**	**4**	**30**

AGRADECIMIENTOS

Gracias infinitas a mis dos informantes principales, por su valentía y por su hospitalidad. Este trabajo, sin duda, cobra sentido en las conversaciones con ambos.

Gracias a Clara, por su inmensa sensibilidad para crear y mirar más allá. El collage con el que comienza este trabajo es suyo y no puedo estar más agradecida y orgullosa. Gracias, amiga.

Gracias a Eva del Archivo General e Histórico de Defensa, Elvira Valero de la Rosa, directora del Archivo Provincial Histórico de Albacete, a Almudena Blaya Pascual, Archivera del Ayuntamiento de Albacete, y a Toñi, Archivera del Ayuntamiento de La Roda.

Gracias a Deogracias, a Enrique Ródenas y al Ayuntamiento de Alborea por ayudarme a contactar con las personas indicadas. "Lo personal también es político".

Gracias a María García Alonso, mi tutora de la UNED y coordinadora de los proyectos en los que he trabajado como investigadora. Ella me ayudó a embarcar en este trabajo, confiando en mi ilusión y en las ganas de aprender ¡Espiritrompa!

A Rosa, por su maestría y por darme el empujón necesario en el momento preciso.

A mi tete, Monty, por ayudarme a elaborar los mapas y añadirle a este trabajo y a mi vida, un poco de tierra.

A Silvia, mi terapeuta, por abrir y acompañarme. Sin su amoroso y preciso bisturí, yo no habría comenzado este trabajo.

A mi padre y a mi madre por su ESTAR incondicional, en lo grande y en lo pequeño, cada uno a su modo, recordándome de dónde vengo, sosteniéndome.

A mi hermano, por su comprensión, su grandeza y su sensibilidad. Saberte ahí me hace sentirme un poco menos sola.

A Pepa, por llenar mi cotidianeidad de amor y calma, que son los ingredientes principales para poder crecer y crecer y crecer. Gracias por ser parte indispensable de mi familia elegida.

A mi yayo, por emocionarse conmigo y emocionarme durante el proceso, enseñándome que siempre estamos a tiempo de vulnerabilizarnos. Y a mi yaya, por ser LA CASA, HOGAR y RAÍZ a la que siempre volver y en la que descansamos. Contigo me encuentro y soy sin juicio.

A mi bisabuela Ascensión, porque encarnó el sufrimiento de esta época en su cuerpo y fue la transmisora de estos hechos. Este es un humilde acto de la justicia y reparación que no tuviste en vida.

Y especialmente, a todas las mujeres de mi genealogía: a mi madre, Ascensión, a mis dos abuelas, Alfonsa y Quintina, a mis bisabuelas, Ascensión y María, a mi tía-abuela, Cruz, y a todas aquellas que habéis rodeado, sostenido y parido a estas: vuestra compañía me da fuerza para seguir construyendo otros mundos posibles. Esto es para y por vosotras.